FACE TO FACE
CARA A CARA
UNA LUCHA ENTRE TÚ Y TU LLAMADO

Aquí nada es Seguro, todo está en RIESGO…

José Luis Damián

Face to Face / Cara a Cara
© José Luis Damián Márquez

Copyright © 2025 por José Luis Damián Márquez
Impreso en E.U. y México
Primera Edición 2025
Face to Face / Cara a Cara
Revisión: **Lic. Araceli Macías Huerta.**

Categoría: **Cristo Céntrico**

Todos los derechos reservados. No se puede reproducir ninguna parte de este libro de ninguna forma ni por ningún medio electrónico o mecánico, incluidos los sistemas de almacenamiento y recuperación de información sin el permiso por escrito del Autor.

A menos que se indique lo contrario, el texto bíblico ha sido tomado de la versión Reina Valera Contemporánea © Sociedades Bíblicas Unidas, 2009, 2011, 2015 Antigua Versión de Casiodoro de Reina (1569), revisada por Cipriano de Valera (1602). Otras revisiones: 1862, 1909, 1960 y 1995. Las citas bíblicas seguidas de NVI son tomadas de La Santa Biblia, Nueva Versión Internacional. NVI Propiedad Literaria © 1999 por Bíblica.

Las citas bíblicas señaladas con LBLA se tomaron de LA BIBLIA DE LAS AMERICAS. Copyright (c) 1986, 1995, 1997 por The Lockman Foundation.

Las citas bíblicas señaladas con DHH se tomaron de Dios Habla Hoy, tercera edición © Sociedades Bíblicas Unidas 1966, 1970, 1979, 1983, 1994. Las citas bíblicas señaladas con PDT se tomaron de Palabra de Dios para Todos © 2005, 2008, 2012, 2015 Centro Mundial de Traducción de La Biblia © 2005, 2008, 2012, 2015 Bible League International

Editorial: **Cielos Abiertos** La Labor, Nayarit. México. Email: icalalabor@gmail.com / damian77mx@gmail.com

Para Conferencias, seminarios, congresos y ministración especial favor de contactarse con nuestro representante en México:

Hno. **Ángel Díaz Romero**

Cel: +52 442 559 13 11

Síguenos en: YouTube, Facebook, Instagram y TikTok: Cielos Abiertos CCI

Índice de contenido

PRÓLOGO	1
SEDUCCIÓN	6
DESENFOQUE	32
CONSTRUYENDO NUESTRA PROPIA TRAMPA	77
CUANDO LLEGA LA NOCHE	103
VERDADES OCULTAS	120
HIPNOSIS	132
PECADOS OCULTOS	144
PENSAMIENTOS INTRUSOS	163
ADICCIONES	175
ENEMIGO MÍO	195
DAÑO COLATERAL	207
DEEPFAKES	218
EMERGENCIA	228
DESICIONES / EL USO DE NUESTRO LIBRE ALBEDRIO	238
EL ESPÍRITU DE JEZABEL	250
AMENAZA	264
EL CAMINO DEL GUERRERO	275

Sígueme en mis diferentes redes sociales:

AGRADECIMIENTOS

Escribir un libro como éste en el que he dedicado tiempo de mi proceso personal actualmente me encuentro agradecido primeramente con Dios quien es mi motor principal en todas las áreas de mi vida. Él es quien me inspira y me da la fuerza aún en medio de pruebas y circunstancias difíciles. Él es el verdadero autor y escritor de este libro, cada línea ha sido un desafío e inspiración, me ha llevado a observarme en el espejo de su Palabra. Recibe toda la Gloria, Honra, Alabanza y Adoración mi Abba Padre.

Agradezco a la mujer que a lo largo de mi caminar me ha sido de gran inspiración, ella es admirable y a pesar de siempre conducirse con un perfil bajo, ha logrado a través de su apoyo incondicional ayudarme a ser el hombre que ahora soy. Gracias amada mía, hermosa mía. Mary Chávez de Damián gracias por existir, gracias por tu sonrisa, gracias por ser tú, gracias por ser inspiración a mi vida, Cantares 8:7.

Agradezco a mis tres hijos, Yoshmine Abigail, José Luis Jr. e Itzayana Elizabeth Damián Chávez, quienes con sus vidas me desafían cada día a comprender el amor de Dios a través de sus vidas. Cada uno me enseña a valorar la vida y a honrar y respetar los procesos y pruebas a través de los que les sucede a cada uno, son de gran inspiración. Bendigo a cada uno con todo mi ser, con todas mis fuerzas y con toda mi alma. Oro para que el Señor me permita ver el cumplimiento de cada palabra que me ha sido dada de cada uno de ustedes.

Agradezco a mi Madre, Sara Márquez. Mamá te honro, sabes que siempre anhelé vivir y estar a tu lado, por alguna razón Dios no me permitió ese privilegio, pero doy gracias a Él por brindarme la oportunidad de conocerte, abrazarte, amarte y ver que eres mi mejor amiga. Siempre has estado allí, cuando más he necesitado de mi mamá, cuando he tenido la necesidad de correr a tus brazos. Dios no me trajo para ser juez, Dios me trajo para honrarte. Te llevó en mi corazón y siempre serás esa parte importante que ha marcado mi vida, te amó.

Agradezco a mi hermana Xiomara, quien me ha enseñado lo que significa temple en medio de la adversidad. Gracias porque a pesar de ser la más pequeña has sido parte importante no solo en mi ministerio sino en mi vida. Gracias por enseñarme el significado de la Lealtad.

Quiero agradecer a quien se desveló, rió y lloró a lo largo de la revisión y corrección de este libro, Lic. Araceli Macías Huerta. Gracias por apartar de su valioso tiempo. Dios retribuya al ciento por uno cada hora, minuto y segundo que invirtió para que este libro fuese posible. Bendigo y honro su vida. Usted no solo me enseña con su vida tan sencilla, el valor de un verdadero siervo, su vida es de gran inspiración, sé que Dios le ha traído al ministerio para cosas grandes y esto es tan solo el principio. Que el Señor abra los cielos de manera sobrenatural sobre su vida. Honra a quien honra merece. Le Bendigo.

Quiero agradecer a mi amada iglesia Cielos Abiertos por ser de gran inspiración, todos han sembrado en mi vida cosas bellas motivo de este libro. Gracias a ese remanente que ha creído a Dios, sé que hemos pasado juntos un año de transición y estamos listos para la temporada de **Nuevos Comienzos** prometida y preparada por Dios. **Lo mejor esta por venir** les bendigo, gracias por creer en la **visión** y **misión** que el Espíritu Santo ha dado a este ministerio.

Agradezco a las autoridades eclesiásticas, al Concilio Nacional de las Asambleas de Dios en México al que pertenezco y a cada hombre y mujer que Dios me ha permitido abrazar, han sido y serán una fuente de inspiración viviente. Gracias por su sincera y genuina amistad, gracias por ayudarme a crecer, gracias por motivarme a seguir creyendo. Dios Bendiga mi casa.

SEMBRADORES

Dios ha puesto en mi vida una red de sembradores quienes han hecho posible la impresión de cada uno de los libros que el Señor me ha inspirado a escribir. Bendigo la vida de cada uno que en su momento han hecho posible cada proyecto: Xiomara Bruno, Apolonia Rugerio Ángeles y Karla Bueno y aquellos que anónimamente son parte.

¿POR QUÉ LEER ESTE LIBRO?

Agradezco el honor de haber leído la presente obra literaria en la que el Pastor José Luis Damián Márquez quien a través de cada uno de los capítulos nos otorga el beneficio a sus lectores de vernos cara a cara, íntimamente con lo que nuestros ojos reflejan, el perfil oculto del hombre y la mujer en que nos hemos convertido con o sin Cristo y que guardamos para unos cuantos familiares, amigos y en algunos casos reservamos únicamente para nosotros mismos.

El autor mediante Face to Face marca que ha llegado la hora de presentarnos delante de Dios y porque no, también delante de aquellos que tienen la fortaleza y la formación espiritual, emocional y ética de llevar nuestras cargas de vida: confesiones reprimidas, conductas adictivas, secretos, dolencias, frustraciones, envidias, temores, terrores, vergüenzas y anhelos guardados que son evidenciados cuando menos lo esperamos, negados por no ser bienvenidos, callados para evitar juicios y cubiertos para no vernos intensos, faltos de fe o desprovistos de la presencia de Dios.

Bienvenido a la libertad de la que el Apóstol Juan habló al decir:"y conoceréis la verdad, y la verdad os hará libres".

Juan 8:32 RV 1960

PRÓLOGO

En una época en la que constantemente escuchamos a través de los medios de comunicación importantes cambios en la humanidad. Violencia y destrucción son el pan de cada día, y un mundo caído cada vez más queda al descubierto a causa del pecado y maldad que radica en el corazón del ser humano.

El Señor vió la magnitud de la maldad humana en la tierra y que todo lo que la gente pensaba o imaginaba era siempre y totalmente malo.
Génesis 6:5 NTV

Estos tiempos confirman las palabras que Jesús mencionó

"Pero cuando venga el Hijo del Hombre, ¿hallará fe en la tierra?"
Lucas 18:8 RV 1960

La iglesia no está exenta de todos estos ataques dirigidos desde el infierno con el propósito de frenar su avance. Como iglesia jugamos un papel importante en los últimos minutos antes del arrebatamiento. Constantemente escuchamos como hombres y mujeres de Dios han sido sacudidos a tal grado de ser removidos de su asignación por causa de evadir las señales que previamente les fueron anunciadas por el Espíritu Santo del grave peligro que corrían y que debían protegerse de los ataques, haciendo a un lado el protagonismo, autosuficiencia e independencia que el enemigo les hizo creer, olvidándose por completo que era importante que sus vasijas tendrían que ser llenadas constantemente con el aceite de la unción por aquel que hizo el llamado.

El apóstol Pablo nos muestra que tenemos un enemigo peligroso y que no se puede vencer mientras le alimentemos con todos los deseos y nuestra falta de limites en el diario vivir.

15 Realmente no me entiendo a mí mismo, porque quiero hacer lo que es correcto pero no lo hago. En cambio, hago lo que odio.
16 Pero si yo sé que lo que hago está mal, eso demuestra que estoy de acuerdo con que la ley es buena.
17 Entonces no soy yo el que hace lo que está mal, sino el pecado que vive en mí.
18 Yo sé que en mí, es decir, en mi naturaleza pecaminosa no existe nada bueno. Quiero hacer lo que es correcto, pero no puedo.

19 Quiero hacer lo que es bueno, pero no lo hago. No quiero hacer lo que está mal, pero igual lo hago.
20 Ahora, si hago lo que no quiero hacer, realmente no soy yo el que hace lo que está mal, sino el pecado que vive en mí.
21 He descubierto el siguiente principio de vida: que cuando quiero hacer lo que es correcto, no puedo evitar hacer lo que está mal.
Romanos 7:15-21 NTV

Face to Face provocará estar frente al espejo de las Sagradas Escrituras, generando en tu espíritu una profunda reflexión para que logres asumir la importancia de tu vida en las manos de Dios.

En tu búsqueda de respuestas, ha llegado el momento de tomar la responsabilidad por tu condición espiritual, reconociendo, confesando y renunciando a todo pecado para que recibas y puedas conocer la verdadera Gracia de Dios sobre tu vida.

Hoy es el día de iniciar una platica cara a cara, pero no entre tú y yo, sino entre tu naturaleza pecaminosa y tu espíritu. Ciertamente lo que es agradable o explicable al hombre natural, al hombre espiritual es totalmente inexplicable porque camina por fe y no por vista.

Sin embargo, Dios lo hizo todo hermoso para el momento apropiado. Él sembró la eternidad en el corazón humano, pero aun así el ser humano no puede comprender todo el alcance de lo que Dios ha hecho desde el principio hasta el fin.
Eclesiastés 3:11 NTV

Face to Face es una radiografía tomada de nuestro ser interior, que a la luz evidenciará los espíritus con los que haz batallado desde tu infancia.

No nos gusta que nos digan lo que hacemos mal o la dirección que debemos tener sobretodo una vez que hemos sido descubiertos en situaciones vergonzosas que ocultamos profundamente anhelando que nadie se entere por temor a ser señalados o rechazados.

Estarás de acuerdo conmigo que tanto la culpa como la vergüenza se han vestido con trajes de falsa humildad, arrepentimiento, religiosidad, bondad, felicidad, prosperidad, autosuficiencia, dominio propio e independencia pretendiendo cubrir el juicio que hemos hecho de los propios errores y decisiones a través de la experiencia y el conocimiento adquirido a lo largo de nuestra existencia.

El Espíritu Santo me desafía de manera personal a escribir sobre la importancia de la responsabilidad acerca de la condición espiritual del ser humano.

Face to Face es un libro que te brinda la oportunidad para que logres el estado de consciencia que te permita capítulo a capítulo apropiarte de las herramientas espirituales para construir una relación directa con Dios.

Hemos sido codificados en el corazón de Dios, amados desde la eternidad, reflejo de aquel que nos hizo a su imagen y semejanza suficiente razón para ser representantes, heraldos y embajadores de un reino sobrenatural que es más real de lo que tú haz logrado experimentar.

En el ministerio, llamado y asignación, la responsabilidad juega un papel relevante para la toma de decisiones que te dirijan al encuentro personal que tu espíritu anhela con el Espíritu Santo, afortunadamente nadie puede representarte en esta relación porque es **Face to Face/Cara a Cara**.

Capítulo 1
SEDUCCIÓN
UNA BATALLA DENTRO DE MÍ

Cuando sean tentados, acuérdense de no decir: «Dios me está tentando». Dios nunca es tentado a hacer el mal y jamás tienta a nadie. La tentación viene de nuestros propios deseos, los cuales nos seducen y nos arrastran. De esos deseos nacen los actos pecaminosos, y el pecado, cuando se deja crecer, da a luz la muerte.
Santiago 1:13-15 NTV

El pecado es toda transgresión a los estándares o leyes de Dios. Hoy en día se dictan leyes que van en contra de las mismas, con el propósito de legalizar actos que van aún en contra de la naturaleza humana.

Las Escrituras nos dicen:

21 Es cierto, ellos conocieron a Dios pero no quisieron adorarlo cómo Dios ni darle gracias. En cambio, comenzaron a inventar ideas necias sobre

Dios. Como resultado, la mente les quedó en oscuridad y confusión.
22 Afirmaban ser sabios pero se convirtieron en completos necios.

Romanos 1:21-22 NTV

El hombre por naturaleza tiene una terrible tendencia a hacer lo malo, y siempre pretende justificar su maldad, tratando de mostrarla como algo que no hace daño, pero la realidad es que a través de estas prácticas se abren puertas de maldición terribles, las cuales viajan de generación a generación maldiciendo nuestras familias y la tierra misma en la que habitamos.

Y vió Jehová que la maldad de los hombres era mucha en la tierra, y que todo designio de los pensamientos del corazón de ellos era de continuo solamente el mal.

Génesis 6:5 RV 1960

En cada uno de nosotros existe un perfil oculto y peligroso que nos puede arrastrar a situaciones de depravación y perversión, lo irónico de esto es que el mismo pecado nos hará creer que todo esta bien y que no nos pasará nada, este es el engaño que satanás siempre ha usado a través de los tiempos iniciando desde el Edén.

4 —¡No morirán!—respondió la serpiente a la mujer —.

5 Dios sabe que, en cuanto coman del fruto, se les abrirán los ojos y serán como Dios, con el conocimiento del bien y del mal.

6 **La mujer quedó convencida.** Vió que el árbol era hermoso y su fruto parecía delicioso, y quiso la sabiduría que le daría. Así que tomó del fruto y lo comió. Después le dió un poco a su esposo que estaba con ella, y él también comió.

7 En ese momento, se les abrieron los ojos, y de pronto sintieron vergüenza por su desnudez. Entonces cosieron hojas de higuera para cubrirse.

Génesis 3:4-7 NTV

Sátanas lo único que presenta delante de nosotros son cosas codiciables a nuestros ojos, recuerda que él conoce las carencias en tu vida, que en cuanto autoricemos con nuestros actos u omisiones damos legalidad y vendrá el engaño para dar a luz el pecado como consecuencia de haberle prestado tu atención. Para que esto suceda satanás tiene la tarea de convencernos que no nos pasará nada. Que increíble que Eva no solo quiso probar del fruto sino también quiso experimentar la sabiduría que este le daría. En el versículo 7 podemos apreciar que sus ojos les fueron abiertos, se sintieron desnudos, es decir descubiertos y trataron humanamente de cubrir su pecado. Amado hermano, cuando tomamos decisiones que van en contra de lo que Dios nos esta advirtiendo para que no hagamos o participemos en ello, tomamos la misma actitud de Adán y Eva nos ocultamos y tratamos humanamente de limpiar de nuestra consciencia las cosas que sabemos que Dios desaprobará, buscamos justificarnos y vernos aprobados delante de nuestros ojos y sobre todo delante de quienes nos están observando como si la Palabra no fuera un espejo que revelará la verdadera imagen de lo que somos cuando nos vemos a través de ella.

El apóstol Pablo nos dice en la carta escrita a la iglesia cristiana que estaba congregada en Roma.

21 He descubierto el siguiente principio de vida: que cuando quiero hacer lo que es correcto, no puedo evitar hacer lo que está mal.
22 Amo la ley de Dios con todo mi corazón,
23 **pero hay otro poder dentro de mí que está en guerra con mi mente**. Ese poder me esclaviza al pecado que todavía está dentro de mí.
Romanos 7:21-23 NTV

Pablo reconoce que hay cinco cosas dentro de él por las cuales debía esforzarse cada día en luchar para no ser seducido y arrastrado con el fin de perder su asignación y propósito:

❖ Cuando quiere hacer lo correcto no puede evitar hacer lo que está mal.

- Tiene la Palabra incrustada en su corazón.
- Reconoce que es un ser humano expuesto a las tentaciones de la vida y los ataques en su mente qué pueden seducirlo para esclavizarlo al pecado.
- Testifica que el pecado todavía esta dentro de él.
- Descubre que existe otro Poder dentro de él que esta en guerra continua con su mente.

Las Escrituras nos enseñan que Jesús comenzó una obra en cada uno de nosotros y esta obra la esta perfeccionando todos los días de nuestra existencia en esta tierra. Por esa razón Pablo nos dice:

¡Gracias a Dios! La respuesta está en Jesucristo nuestro Señor. Así que ya ven: en mi mente de verdad quiero obedecer la ley de Dios, pero a causa de mi naturaleza pecaminosa, soy esclavo del pecado.
Romanos 7:25 NTV

La respuesta a nuestras luchas con nuestro "Yo Interno" se encuentra en Jesús, quien es poderoso para ayudarnos y limpiarnos con su preciosa sangre hasta el más vil de nuestros pecados. Si no reconocemos que necesitamos ayuda de Él, entonces estaremos esclavizados a nuestra naturaleza pecaminosa. Nuestras decisiones marcarán el rumbo de nuestra destino, serán tan importantes que debemos estar conscientes de sus consecuencias que traerán maldición o bendición en tu vida.

Las Escrituras nos dicen:

Entonces Dios los abandonó para que hicieran todas las cosas vergonzosas que deseaban en su corazón. Como resultado, usaron sus cuerpos para hacerse cosas viles y degradantes entre sí.
Romanos 1:24 NTV

El hombre no es ignorante de Dios, ¿te ha sucedido que estas conversando con alguna persona y en su narrativa menciona alguna de las siguientes frases? "gracias a Dios" "primeramente Dios" "con el favor de Dios" "si Dios quiere" "Jesús" "Santo" por mencionar algunas. Observas que por alguna razón esa persona no desea reconocer a Dios en su vida. En mi llamado como pastor me he dado cuenta que la mayoría de las personas que se acercan en necesidad a mí no están interesados en tener un encuentro con Jesús, sino solamente en que su necesidad sea resuelta porque al conocerlo y tener una amistad profunda Él ordenará el caos que existe en sus vidas, lo que si dimensionan es que no será fácil pues Dios demanda un corte total con el estilo de vida que hasta hora han creído disfrutar, sin reconocer que han vivido en medio de los resultados de aflicción, dolor, amargura, tristeza y miseria etc...

Un ejemplo claro de esto es cuando te iniciaste en el juego de querer pertenecer a determinado grupo de personas, cuando decidiste probar aquellas sustancia, experimentar lo que muchos decían que se sentía bien. Cuando comenzaste a incorporar a tus conversaciones la maledicencia como parte de una expresión cultural, usando modismos de la región en la que creciste o la familia de la que eres parte sin percatarte que el diseño original para tu vida se comenzó a deformar y conociste el rechazo, la burla, la baja autoestima, el orgullo, la vanidad, deseos de grandeza, despotismo, indiferencia, arrogancia que no te permitieron disfrutar de la riqueza que traía consigo ese diseño original.

Haz modificado tanto tu personalidad que ya no te conoces y a veces no crees en ti mismo, piensas que no le haces daño a nadie pero el primer afectado eres tú, después aunque no lo creas aquellos que te aman también son afectados a causa de tus decisiones. Observa que una vez atrapado ya no hay vuelta atrás, por alguna razón tu entendimiento ha sido cauterizado ya no puedes diferenciar entre lo correcto y lo que no lo es, felicidades te haz vuelto sabio en tu propia opinión.

Debido a lo anterior reconozco aquel lobo negro obstinado que esta dentro de mí y que espera como el animal irracional a que yo abandone por completo el diseño original de Dios en mi vida para poder destruir lo presente y lo porvenir.

26 Por esa razón, Dios los abandonó a sus pasiones vergonzosas. Aún las mujeres se rebelaron contra la forma natural de tener relaciones sexuales y, en cambio, dieron rienda suelta al sexo unas con otras.
27 Los hombres, por su parte, en lugar de tener relaciones sexuales normales, con la mujer, ardieron en pasiones unos con otros. Los hombres hicieron cosas vergonzosas con otros hombres y, como consecuencia de ese pecado, sufrieron dentro de sí el castigo que merecían.

Romanos 1:26-27 NTV

Esos impulsos provocan una serie de deseos a alcanzar, cosas que normalmente en nuestros cinco sentidos no pueden obtenerse. Cuando despertamos nuestros sentidos a través de una película, o una conversación, o a través de una situación embarazosa que alimentó aquella curiosidad nos vemos atrapados en el juego sucio de la seducción la cual ha logrado su objetivo, desviar nuestra mirada inconscientemente de aquellas cosas que nos pueden ser de gran edificación y que son importantes para nuestro crecimiento espiritual y nuestro llamado.

Hoy conozco cristianos que viven con ataduras a causa de satisfacer deseos y anhelos de su carne, lo interesante es que no se han dado cuenta que desde pequeños han sido despertados sus instintos, experimentando ansiedades y tormentos, pues se han visto expuestos en la manifestación de dichos instintos. Gran parte de los espíritus que hoy les están atormentando han tomado ciertos derechos o legalidades a través de los padres por medio de la ley de la herencia, la cual se activa a partir del momento en que se toman decisiones equivocadas activando dichas maldiciones.

Lo creas o no, se dan derechos legales a temprana edad, aún estos tienen su origen en el vientre materno, incluso desde el mismo momento de concepción en el acto sexual.

Todo esto en el mundo espiritual es tomado en cuenta y sátanas sabe perfectamente que puede ser usado a su favor para encadenar a todos aquellos que él considere que le pertenecen. Todos los derechos concedidos se convierten en maldiciones que no son otra cosa que puertas abiertas a espíritus malignos los cuales obraran en el plano de nuestras emociones y sentimientos que están arraigadas en el alma la cual se rebela constantemente contra Dios.

Las Escrituras mencionan:

El Alma que pecaré esa morirá
Ezequiel 18:20a NTV

¿Qué es lo que puede pasar si continuamos jugando al gato y al ratón?

26 Queridos amigos, si seguimos pecando a propósito después de haber recibido el conocimiento de la verdad, ya no queda ningún sacrificio que cubra esos pecados.
27 Solo queda la terrible expectativa del juicio de Dios y el fuego violento que consumirá a sus enemigos.
28 Pues todo el que rehusaba obedecer la ley de Moisés era ejecutado sin compasión por el testimonio de dos o tres testigos.
29 Piensen, pues, cuánto mayor será el castigo para quienes han pisoteado al Hijo de Dios y han considerado la sangre del pacto —la cual nos hizo santos— como si fuera algo vulgar e inmundo, y han insultado y despreciado al Espíritu Santo que nos trae la misericordia de Dios.

Hebreos 10:26-29 NTV

La indicación de Dios para tu vida, puede llegar a provocar que Dios te deje y que en cierta forma se aleje de ti, Él no puede tener comunión con alguien que no es capaz de ver más allá de satisfacer su "yo" o "viejo hombre". Recuerda que su santidad se impregna en nuestras vidas cuando tenemos una relación correcta con él, pero cuando decidimos hacer lo que no esta bien, entonces como Él es Santo no puede habitar en alguien que tan solo piensa en sí mismo, lo entristecemos y por consecuencia se aleja respetando nuestras decisiones.

El apóstol Pablo nos exhorta diciéndonos:

22 deshágandose de su vieja naturaleza pecaminosa y de su antigua manera de vivir, que está corrompida por la sensualidad y el engaño.
23 En cambio, dejen que el Espíritu les renueve los pensamientos y las actitudes.
24 Pónganse la nueva naturaleza, creada para ser a la semejanza de Dios, quién es verdaderamente justo y santo.
Efesios 4:22-24 NTV

El apóstol nos da tres recomendaciones importantes:

a) Deshacernos de nuestra vieja naturaleza que esta corrompida por la sensualidad y el engaño.
b) Autorizar al Espíritu Santo para que renueve nuestros pensamientos y actitudes.
c) Al nacer de nuevo Dios nos ha dado una nueva naturaleza, creada para ser a la semejanza de Dios.

¿Cuántas veces haz esperado que llegue la noche en donde te encuentras solo, únicamente con el propósito de alimentar a ese lobo negro que quiere arrastrarte por el valle de sombra y muerte?

En esos momentos lo único que el diablo hace es ofrecerte lo que ha percibido que deseas tener pero que por alguna razón Dios no te lo ha concedido. Su intención será tenderte esa trampa para encadenarte e inhabilitarte bloqueando todos tus sentidos y dones espirituales que te fueron otorgados a través del Espíritu Santo. Espíritus engañadores y seductores empiezan a colocar en tu mente huevecillos que tarde que temprano darán a luz al pecado.

El diablo no puede tomarte la mano y hacerte pecar, él esta consciente que no puede hacerlo, lo único que si podrá hacer es entregarte u ofrecerte en charola de plata todas aquellas cosas que anhelas tener en el momento.

14 La tentación viene de nuestros propios deseos, los cuales nos seducen y nos arrastran.
15 De esos deseos nacen los actos pecaminosos, y el pecado, cuando se deja crecer, da a luz la muerte.
Santiago 1:14-15 NTV

Comprenderás que este es un juego sucio entre tú **"Yo Interno"** y el hombre espiritual llamado **"hijo de Dios"**. Estoy convencido que no será fácil derrotar a ese enemigo. Pablo expresa que dentro de él se encuentra otro Poder, ese poder puede someter la unción, puede hacer a un lado al Espíritu Santo y puede llevarnos a tomar decisiones en contra de su perfecta voluntad para nuestras vidas.

Mientras no queramos reconocer que necesitamos la intervención divina de Dios, el pecado se hará efectivo. Recuerda que la tentación viene de nuestros propios deseos, los cuales nos seducen y nos arrastran tan miserablemente a regiones de cautividad en donde verdugos asignados por sátanas colocan cadenas y nos apresan en cárceles de oscuridad para que no podamos ver la luz de Jesús en nuestras vidas.

Satanás tiene como objetivo apresarnos y no dejarnos salir de esas regiones de cautividad para que no hagamos la voluntad de Dios.

A sus presos nunca abrió la cárcel
Isaías 14:17b

Se activan compromisos legales que normalmente no se pueden romper hasta que el Espíritu Santo viene y los revela y la persona decide reconocer, confesar y renunciar. Tomando con ello la responsabilidad de su condición espiritual. Es por ello que dentro de la iglesia de Cristo nos encontramos entre cristianos atados al sufrimiento tal pareciera que deambulan por el valle de los huesos secos, sin ninguna esperanza en sus vidas. Te comparto una verdad que ha sido esencial en mi vida ministerial que me ha sido mostrado a lo largo de mi caminar y he visto como ha sido efectiva en mí y en aquellos que han decidido asumir el reto de tener una amistad con

Dios, "solo Jesús es capaz de deshacer todo derecho, toda legalidad y quitarnos del camino que nos lleva a la destrucción". JESÚS ha tomado todos aquellos decretos que fueron levantados en nuestra contra para destrucción personal.

Cuando la persona afectada esta dispuesta a ser libre y renunciar por completo a todas aquellas cosas con las que ha convivido por mucho tiempo Dios tomará el control total, manifestándose de manera poderosa en nuestras vidas, sorprendiéndonos con las respuestas que hemos venido buscando.

Observemos que satanás no tiene nada que ver con aquellas cosas que están en nuestro interior. Creo firmemente que venimos arrastrando maldiciones generacionales, y satanás lo único que esta esperando es que nos equivoquemos e ignoremos las señales de advertencia, es decir tomando decisiones equivocadas abriendo con ello el acceso, puertas y activando la llave para traer el caos a nuestras vidas. Recordemos que la paga del pecado es muerte. Cuando insistes en continuar con la vida que hasta ahora llevas, tomando decisiones personales y consciente de las consecuencias. Es mi deber informarte que Dios respeta tus decisiones y que a causa del principio espiritual que estableció otorgándonos **"Libre Albedrío"** tu vida actual responde a las consecuencias que son el resultado de tus decisiones.

La Escritura nos dice:

Serás aceptado si haces lo correcto, pero si te niegas a hacer lo correcto, entonces, ¡ten cuidado! El pecado está a la puerta, al acecho y ansioso por controlarte; pero tú debes dominarlo y ser su amo».

Génesis 4:7 NTV

Dios claramente dijo a Caín:

a) Serás aceptado si haces lo correcto.
b) Si te niegas hacer lo correcto el pecado puede controlarte.

Hoy en día puedes estar viviendo con fuertes ataduras manifiestas en **dependencias** sin que las reconozcas, muchas de ellas no las identificas la realidad es que sientes que estas atrapado y que no tienes los recursos para salir de dicha trampa. Lo cierto es que por tu lejanía o falta de comunión con Dios no te haz dado cuenta que escrito está "**tienes la autoridad para poder vencer el problema**" pero no basta con tener la autoridad sino ejercerla. Es evidente que tu falta de confianza en lo que Dios ha depositado en tu vida revela que no tienes el consejo de Dios a tu oído y que esperas que alguien más te diga lo que debes hacer.

El espíritu de vergüenza y de temor que fueron asignados a merodear sobre la vida de muchos hombres y mujeres se disfrazan de prudencia, pudor, santidad, religiosidad, falsa humildad, les hace creer ser sabios en su propia opinión a ser descubiertos los hacen cometer más errores, y cada vez se van hundiendo más y más en ese pozo de desesperación.

Me gustaría compartirte lo que observé en una de las ministraciones que Dios me permitió realizar en un evento de sanidad y milagros en la iglesia Cielos Abiertos que Dios me ha dado el privilegio de pastorear al lado de mi amada esposa. Vi llegar a una familia, entre ellos una joven que tenía un problema en su columna y que estaba consciente que tenía tiempo con ese problema. Al tiempo de hacer el llamado, por más que veía milagro tras milagro esta persona se abstuvo de pasar por el suyo. Ella tenía la necesidad de ser sanada, pero en su mente se estaba desatando una guerra que la hacía retroceder a tal grado de llevarla a sentirse indigna. Al final por más que se le mostró que el manto de sanidad frente a sus ojos estaba en su máximo fluir, ella decidió permanecer en la misma condición y tal cual entró, así salió del servicio expresando que cuando Dios quisiera sanarla Él iría a ella y no ella a Él. ¿No te parece incongruente? Si vas con una necesidad y te encuentras en un evento de sanidad y milagros no percibas que Dios ya esta en ese lugar para sanarte, veamos a la mujer de flujo de sangre, ella no tenía fuerzas, había gastado todo cuanto tenía pero ahora su único recurso es que justamente por su ciudad Jesús estaba pasando. Ella tomó fuerzas de donde pudo dejo su vergüenza y temor diciendo en su corazón "si tan solo tocará el borde de su manto seré sana" cuando logró tocar el manto de Jesús, poder fluyó de Él y de manera inmediata quedo completamente sana. Observa lo siguiente Jesús jamás fue a ella, ella provocó que el milagro se le otorgará por su decisión. Jesús hizo un alto y detuvo todo, mucha gente le tocaba y no pasaba nada, pero esta mujer le tocó y su vida cambió por completo.

Las Escrituras nos muestran que:

¡Gracias a Dios! La respuesta está en Jesucristo nuestro Señor.
Romanos 7:25a NTV

En una etapa de mi vida cuando estaba atravesando la adolescencia me volví rebelde, en contra de mis abuelos, mi forma de hablar cambió, mis actitudes de igual forma eran desafiantes. Hoy entiendo que anhelaba llenar un vacío tan profundo que había en mi corazón y que nada podía satisfacerlo; por supuesto hubo consecuencias por mis decisiones aún a esa corta edad, en ese tiempo pensaba que yo estaba bien, que yo tenía el control y podía resolverlo sin darme cuenta que lo único que estaba haciendo era cavar mi propia tumba.

Hoy comprendo que la paga que deja el pecado solo es muerte y la muerte hace que estemos perdidos.

Las Escrituras nos dicen:

El Alma que pecaré esa morirá
Ezequiel 18:20a NTV

Así que el espíritu de seducción que se encuentra merodeando tu vida tratará de que tengas un encuentro agradable con aquellos deseos y anhelos que la carne disfruta satisfacer, provocando la separación de tu espíritu con el Espíritu de Dios quien nos guía a toda verdad poniendo en riesgo tu llamado, asignación y propósito haciéndote creer que eres tú y solo tú, quien decidirá el rumbo de tu vida. Face to Face

Sentidos Comprometidos

Amado mío, nuestros sentidos pueden ser aliados y también pueden ser parte de las decisiones importantes nuestra vida. Como seres humanos Dios nos diferenció de cualquier otra criatura creada incluyendo los ángeles es por ello que disfrutamos el sentido del **olfato** para percibir aromas y respirar el aire que Dios nos proporciona para vivir, **la vista** permitiéndonos movernos de un lado a otro con seguridad. **El tacto** para percibir textura, forma y tamaño, **el oído** capaz de percibir sonidos y movimientos y **el gusto** con la capacidad de disfrute de sabores.

Nuestros sentidos siempre estarán activados para el bien-estar o para mi mal-estar.

Es común como los espíritus merodeadores influyen para que los hombres observen a una mujer sin temor a Dios, partiendo de que no la conocen aún así tienden a mirarlas codiciándolas en su corazón como parte de haber alimentado un espíritu de deseo, lascivia dando origen a los sueños perturbadores en los que participan de tener relaciones con ellas.

¿Qué dice la Biblia al respecto?

Pero yo digo que el que mira con pasión sexual a una mujer ya ha cometido adulterio con ella en el corazón.
Mateo 5:28 NTV

Estos espíritus confrontan la decisión de crucificar la carne por completo y hacer morir la vieja naturaleza. El enemigo conoce el pasado y las debilidades de cada persona, la Escritura los registra como decretos en contra de aquellos que viven bajo su propia voluntad y quienes en un tiempo disfrutaban de estos placeres de la carne, por supuesto que esto lo aprovechará satanás al máximo cuando se desvíe la mirada de Jesús ahora quedarán expuestos a causa de sus decisiones al querer satisfacer lo que sus ojos ven estando conscientes que Dios lo reprueba.

Serás aceptado si haces lo correcto, pero si te niegas a hacer lo correcto, entonces, ¡ten cuidado! **El pecado está a la puerta**, al acecho y ansioso por controlarte; pero **tú debes dominarlo y ser su amo**».

Génesis 4:7 NTV

Como ministro he conocido la situación de varias mujeres que llegan a los pies de Cristo solteras, divorciadas o separadas que mantuvieron en algún momento de su vida una relación que por alguna razón no prosperó. Ahora Dios llega a sus vidas pero continuan solas sin una persona a su lado. Dios conoce que necesitan a un hombre a su lado y el enemigo al conocer su necesidad aprovecha para presentar "aquel amor de su juventud" trayendo nuevamente aquella persona que en el pasado les hizo sentir mariposas en el estomago, la realidad es que ahora ese hombre está casado, tiene una familia. Están tan ilusionadas al verle que pasan por alto las advertencias o señales de que algo en esa relación no es correcta, tú no eres la persona indicada para llevarlo a los pies de Cristo. Esto puede generar confusión en él lo que puede convertirse en una trampa para tí.

¿Cuántas veces te haz visto desafiada como mujer a mantener tu integridad delante de Dios?

Estás consciente que el enemigo quiere robar el tesoro que Dios ha puesto en ti desde el momento en que con sinceridad rendiste tu vida por completo a Él, desenfocándote y haciéndote creer que al ser tu la tercera persona en una relación puedes obtener la victoria sobre la otra mujer a quien el enemigo te hace creer que ocupa tu lugar.

He observado que cuando esto sucede lo primero que hacen es retirarse de Dios, permiten un enfriamiento al abandonar su relación con Dios nublando el entendimiento y aquel deseo con el que se acercaron de que Dios cumpliera su propósito en ellas. Servirle con todo su corazón y vivir para que se cumpliera ese llamado, propósito y diseño por el cual fueron creadas y que ahora ya no existe más.

Estos espíritus satánicos buscarán atentar no solo en tí sino también hará estragos en la otra persona sin importar las consecuencias, pues ellos vienen a robar, matar y destruir. El pecado mostrará su desnudez y les exhibirá dejándoles expuestas a la burla, el menosprecio, la difamación y a veces hasta el mismo rechazo del hombre al que estaban aferradas, finalmente el enemigo las tendrá en el lugar que planeo llevarlas, una vida sin visión, sin futuro y sin deseos de vivir.

Por ese momento de debilidad la vida de estas mujeres comenzará a tomar un nuevo rumbo, expuestas al engaño de espíritus de adulterio y fornicación que las harán creer que todo esta bien y que si la relación va avanzando es porque Dios así lo decidió. Una vez consumado el pecado, es decir una vez que le dieron acceso a la persona entonces la serpiente venenosa comenzará asfixiar poco a poco hasta hacer morir todos aquellos anhelos y deseos de llevar una vida que agrade a Dios.

Si insistes en alimentar tu vista con imágenes y escenas que despierten espíritus de lascivia, adulterio, fornicación, inmoralidad sexual, fantasías prohibidas por mencionar algunas, los ojos enviarán un mensaje a tu mente y producirán un gran efecto en tu corazón con el anhelo de poder obtener aquellas cosas que tanto deseas tener y que por alguna razón la carne empezará a demandar el ser saciada.

Por lo tanto, si tu ojo —incluso tu ojo bueno — te hace caer en pasiones sexuales, sácatelo y tíralo. Es preferible que pierdas una parte de tu cuerpo y no que todo tu cuerpo sea arrojado al infierno.
Mateo 5:29 NTV

El desarrollo de una adicción de origen sexual puede desencadenar patrones de conducta de aislamiento, retraimiento muchos de ellos desarrollan el consumo de cualquier tipo de pornografía dando paso a espíritus de sensualidad, violación y parafilias de los que no serán libres sino hasta que reconozcan que tienen un problema y que necesitan la ayuda.

Un caso real de maldiciones generacionales

En determinado momento tuve la oportunidad de atender un caso severo que me dejó impresionado. Vino una mujer con su corazón roto a causa de la situación que estaba viviendo. Ella me confío que no podía creer lo que ahora había descubierto, uno de sus hijos, el mayor de tres había abusado sexualmente de sus dos hermanos menores. Y la consecuencia fue que su hermano desarrollo conductas de homosexualismo y la joven presentaba un cuadro de ansiedad, depresión y ataques de pánico. Siempre estaba medicada para poder estar en control con atención psiquiátrica, psicológica y médica. El hijo mayor sale de casa a los 16 años se va a hacer su vida en otra ciudad y ahora se encuentra casado, con dos bellos hijos. La preocupación de la madre de este agresor sexual es porque recibe una llamada de la esposa de su hijo, quien descubre fotos, videos y material de pedofilia que la puso en alerta y en su desesperación llama a la madre de su esposo para informarle de la situación y saber si ella estaba enterada de esto. Cabe mencionar que la esposa del agresor no estaba en conocimiento de la violación que su esposo cometió con sus hermanos cuando este era un adolescente y ellos unos niños. Podemos apreciar en el presente caso que hubo varios derechos legales, autorizando a espíritus de pedofilia, intimidación, violación y secretos de familia ¿cómo o dónde se originaron?.

Indagando en la vida de la madre me di cuenta que ella también fue abusada sexualmente por su padre, afirma que su madre lo sabía pero no quería escucharlo la evadía siempre. A los ojos de su madre aun siendo ya una mujer adulta nunca era suficiente lo que ella hiciera o se esforzara. Cuando tuve la siguiente visita de esta mujer ya había visitado a su madre, le preguntó si ella también había sido abusada sexualmente. A lo que su madre respondió que era la única mujer entre puros varones hermanos, quienes constantemente le tocaban, la miraban y abusaban de ella.

Te das cuenta de la importancia de gobernar tu vida, tu sexualidad, de ser un buen mayordomo de tu cuerpo de tu mente y de tu espíritu. Mira, las cosas grandes empiezan con cosas pequeñas, lo que puede comenzar con una curiosidad puede terminar en una tragedia o con una cadena interminable de pecados generacionales, ataduras y dependencias que si no logras llevarlas a los pies de Cristo, si no eres sincero y confiesas todos estos pecados ante el trono de su gracia los gigantes que no puedas vencer tú, aquellos a quienes no les cortes la cabeza, entonces heredaras a tus siguientes generaciones estos espíritus que viajaran por el conducto sanguíneo y tomarán autoridad de tu siguiente generación hasta que uno de ellos se rinda por completo a Dios y tome la decisión de enfrentarlos sujetándoles e inactivandolos en el poderoso nombre de Jesús quien nos redimió en la cruz del calvario.

Estarás de acuerdo que no estas exento de estos ataques, las Escrituras constantemente mencionan la importancia de hacer morir al viejo hombre, el cual esta viciado.

Para poder caminar una vida victoriosa en Cristo necesitamos darnos la oportunidad de entrar en un proceso de desintoxicación que el Espíritu Santo realizará conforme le permitamos.

La Escritura dice:

Sobre todas las cosas cuida tu corazón, porque este determina el rumbo de tu vida.
Proverbios 4:23 NTV

Como ser libre de la Seducción:

a) Aceptar que tengo un problema y que necesito ayuda.
b) Reconocer que solo no puedo.

c) Pedir ayuda espiritual consciente que el problema radica en el alma (voluntad, pensamientos, emociones y sentimientos).
d) Confesar genuinamente las transgresiones.
e) Renunciar por completo a todo acto u omisión pecaminoso propios o generacionales.
f) Cooperar con el Espíritu Santo para ser totalmente libre, romper las ligaduras y ataduras.
g) Responsabilizarse por su nueva vida, libertad y condición espiritual.

Estén alerta. Permanezcan firmes en la fe. Sean valientes. Sean fuertes.
1 Corintios 16:13 NTV

En el video el poderoso nombre de Jesús, del Canal Oficial de You Tube Cielos Abiertos CCI, hablo acerca de ser libres y como romper las maldiciones generacionales.

Capítulo 2
DESENFOQUE
CUANDO QUITAMOS NUESTRA MIRADA DE JESÚS

> 12 Así que, el qué piensa estar firme, mire que no caiga.
> 13 No os ha sobrevenido ninguna prueba que no sea humana, pero fiel es Dios, quien no os dejará ser probados más de lo que podéis; antes bien, juntamente con la prueba proveerá también la salida, para que podáis soportar.
> **1 Corintios 10:12-13 BTX**

Existe una gran necesidad dentro de la iglesia de Cristo de regresar a nuestro primer amor con nuestro Señor. Y no es que el amor de Dios se mida en niveles, las Escrituras nos señalan a continuar caminando en Dios pero por alguna razón nos desenfocamos.

Situaciones que estamos viviendo hoy en día, son el resultado de nuestras decisiones. En un autoengaño culpamos a Dios de lo que estamos viviendo, con la justificación de que no nos escucha, que no le importamos cuando en realidad fuimos nosotros quienes lo sacamos de nuestras vidas para que nos corrigiera y direccionara.

2 Yo conozco tus obras, y tu arduo trabajo y paciencia; y que no puedes soportar a los malos, y has probado a los que se dicen ser apóstoles, y no lo son, y los has hallado mentirosos;
3 y has sufrido, y has tenido paciencia, y has trabajado arduamente por amor de mi nombre, y no has desmayado.
4 Pero tengo contra ti, que has dejado tu primer amor.
5 Recuerda, por tanto, de dónde has caído, y arrepiéntete, y haz las primeras obras; pues si no, vendré pronto a ti, y quitaré tu candelero de su lugar, si no te hubieres arrepentido.
Apocalipsis 2:2-5 RV 1960

Dios esta anhelando que volvamos a Él, es cierto su tiempo se está acortando y a pesar de estar conscientes, continuamos aferrados a caminar equivocados, realizando actos perversos, o llevando un estilo de vida que no le agrada.

12 Por eso dice el Señor : «Vuélvanse a mí ahora, mientras haya tiempo; entréguenme su corazón. Acérquense con ayuno, llanto y luto.
13 No se desgarren la ropa en su dolor sino desgarren sus corazones». Regresen al Señor su Dios,

porque él es misericordioso y compasivo, lento para enojarse y lleno de amor inagotable. Está deseoso de desistir y no de castigar.'

Joel 2:12-13 NTV

¿Cómo podemos perder nuestro primer amor y cómo logramos desenfocarnos?

1. El Exceso de trabajo, las ocupaciones de la vida y los compromisos adquiridos.

1 Más tarde ese mismo día, Jesús salió de la casa y se sentó junto al lago.
2 Pronto se reunió una gran multitud alrededor de él, así que entró en una barca. Se sentó allí y enseñó mientras la gente estaba de pie en la orilla.
3 Contó muchas historias en forma de parábola como la siguiente:
«¡Escuchen! Un agricultor salió a sembrar.
4 A medida que esparcía las semillas por el campo, algunas cayeron sobre el camino y los pájaros vinieron y se las comieron.
5 Otras cayeron en tierra poco profunda con roca debajo de ella. Las semillas germinaron con rapidez porque la tierra era poco profunda;
6 pero pronto las plantas se marchitaron bajo el calor del sol y, como no tenían raíces profundas, murieron.

7 Otras semillas cayeron entre espinos, los cuales crecieron y ahogaron los brotes;

8 pero otras semillas cayeron en tierra fértil, iy produjeron una cosecha que fue treinta, sesenta y hasta cien veces más numerosa de lo que se había sembrado!

9 El que tenga oídos para oír, que escuche y entienda».

Mateo 13:1-9 NTV

Jesús advierte que existen cuatro tipos de personas, y de las cuatro destaca una en especial que esta angustiada por las preocupaciones de la vida. Los afanes de la vida son una trampa tan sutil que atrapa a muchos haciéndolos esclavos inconscientemente de sus propias ambiciones, deseos y anhelos. Por consecuencia los compromisos adquiridos los tendrán tan ocupados que Dios no tiene cavidad en ese mundo.

18 »Escuchen ahora la explicación de la parábola acerca del agricultor que salió a sembrar:

19 Las semillas que cayeron en el camino representan a los que oyen el mensaje del reino y no lo entienden. Entonces viene el maligno y arrebata la semilla que fue sembrada en el corazón.

20 Las semillas sobre la tierra rocosa representan a los que oyen el mensaje y de inmediato lo reciben con alegría;

21 pero, como no tienen raíces profundas, no duran mucho. En cuanto tienen problemas o son perseguidos por creer la palabra de Dios, caen.
22 Las semillas que cayeron entre los espinos representan a los que oyen la palabra de Dios, pero muy pronto el mensaje queda desplazado por las preocupaciones de esta vida y el atractivo de la riqueza, así que no se produce ningún fruto.
23 Las semillas que cayeron en la buena tierra representan a los que de verdad oyen y entienden la palabra de Dios, ¡y producen una cosecha treinta, sesenta y hasta cien veces más numerosa de lo que se había sembrado!

Mateo 13:18-23 NTV

2. El Estilo de Vida que queremos llevar sin importarnos si Dios está de acuerdo o no.

Las semillas que cayeron entre los espinos representan a los que oyen la palabra de Dios, pero muy pronto el mensaje queda desplazado por las preocupaciones de esta vida y el atractivo de la riqueza, así que no se produce ningún fruto.

Mateo 13:22 NTV

En este tiempo las personas desean ser ricas sin importar el costo, a través de la publicidad masiva observamos estilos de vida que muy pocos logran alcanzar sin desenfocarse. Esta publicidad ofrece atractivos atajos para lograr las cosas en poco tiempo y con el mínimo esfuerzo. Estamos conscientes del peligro al que estamos expuestos, y al descuidar nuestra amistad con Dios, inevitablemente el ser humano termina postrado ante lo que el mundo ofrece disfrazado de prosperidad, éxito y estatus social.

Las Escrituras mencionan que **"Donde esté tu tesoro allí estará tu corazón"**, que **"el principio de todos los males es el amor al dinero"**. Por tal motivo, si continuamos aferrados a las riquezas de este mundo, a sus placeres, y a llevar una vida sin necesidades, entonces estamos en riesgo de rendir nuestras vidas al príncipe de este mundo sin darnos cuenta.

8 Finalmente el diablo lo llevó a la cima de una alta montaña y le mostró las naciones del mundo y la gloria que hay en ellas.
9 —Todo esto te lo daré si de rodillas me adoras —le dijo.
10 —¡Vete de aquí, Satanás! —le respondió Jesús —. Las Escrituras dicen: "Sólo al Señor tu Dios adorarás, y solamente a él le obedecerás".
Mateo 4:8-10 NBV

¿Cómo satanás puede ofrecer algo que no es suyo?
Si usamos un poco nuestro razonamiento, este perverso estaba ofreciéndole al dueño de todas las cosas algo que no le pertenecía.

Mía es la plata, y mío es el oro, dice Jehová de los ejércitos.
Hageo 2:8 RV 1960

La tierra es del Señor y todo lo que hay en ella; el mundo y todos sus habitantes le pertenecen.
Salmo 24:1 NTV

El incremento de rituales y sacrificios que se realizan a diversas deidades que prometen riquezas, salud, placeres, diversión y una vida cómoda sin tanto esfuerzo. Para quienes se exponen de manera frontal incluyendo personas conocidas, cercanas, familiares, amigos que acuden a lugares de brujería para traer respuestas a un deseo o anhelo de su corazón. Comentan que fueron en busca de respuestas por que la persona que le recomendaron les dijeron que era muy bueno. Lo cierto es que entraron a un lugar de maldición, cediendo derechos para que espíritus demoniacos hicieran su trabajo en ellos y en lo que solicitaron. Las letras pequeñas es que esto tiene un precio, satanás siempre pedirá algo a cambio, recuerda que conoce la Palabra y que en ella se establece que todo aquel que consulte agoreros, hechiceros, adivinos, personas que leen las cartas, lectura de tarot, los astros, invocación de muertos.
10 Por ejemplo, jamás sacrifiques a tu hijo o a tu hija como una ofrenda quemada. Tampoco permitas que el pueblo practique la adivinación, ni la hechicería,

ni que haga interpretación de agüeros, ni se mezcle en brujerías,

11 ni haga conjuros; tampoco permitas que alguien se preste a actuar como médium o vidente, ni que invoque el espíritu de los muertos.

12 Cualquiera que practique esas cosas es detestable a los ojos del Señor. Precisamente porque las otras naciones hicieron esas cosas detestables, el Señor tu Dios las expulsará de tu paso.

13 Sin embargo, tú debes ser intachable delante del Señor tu Dios.

Deuteronomio 18:10-13 NTV

El hecho de ignorar esto no justifica que se nos exente de las consecuencias. Dios nos dio libre albedrío, en el libre albedrío tenemos la conciencia y esta es la que constantemente nos dicta aquellas cosas que no se nos permite realizar.

Toda buena dádiva y todo don perfecto desciende de lo alto, del Padre de las luces, en el cual no hay mudanza, ni sombra de variación.

Santiago 1:17 RV 1960

Dios no está en conflicto con las riquezas, vemos a través de las Escrituras que bendijo a tantos de sus siervos, algo que distinguía a estos hombres y mujeres de Dios era que las riquezas no estaban en primer lugar sino en aquel que le había placido bendecirles. Ellos eran al mismo tiempo hombres y mujeres frágiles con tanta necesidad de Dios como cualquier otro mortal. Ellos podían y estaban capacitados para vivir con o sin riquezas, su corazón estaban correctamente enfocados en el Dios maravilloso que los había llamado para cumplir con una asignación y un propósito especial.

Uno de los ejemplos que me gustaría mostrarte es el rey Salomón.

7 Ahora pues, Jehová Dios mío, tú me has puesto a mí tu siervo por rey en lugar de David mi padre; y yo soy joven, y no sé cómo entrar ni salir.
8 Y tu siervo está en medio de tu pueblo al cual tú escogiste; un pueblo grande, que no se puede contar ni numerar por su multitud.
9 Da, pues, a tu siervo corazón entendido para juzgar a tu pueblo, y para discernir entre lo bueno y lo malo; porque ¿quién podrá gobernar este tu pueblo tan grande?
10 Y agradó delante del Señor que Salomón pidiese esto.
11 Y le dijo Dios: Porque has demandado esto, y no pediste para ti muchos días, ni pediste para ti riquezas, ni pediste la vida de tus enemigos, sino que demandaste para ti inteligencia para oír juicio,
12 he aquí lo he hecho conforme a tus palabras; he aquí que te he dado corazón sabio y entendido, tanto que no ha habido antes de ti otro como tú, ni después de ti se levantará otro como tú.

13 Y aun también te he dado las cosas que no pediste, riquezas y gloria, de tal manera que entre los reyes ninguno haya como tú en todos tus días.

14 Y si anduvieres en mis caminos, guardando mis estatutos y mis mandamientos, como anduvo David tu padre, yo alargaré tus días.

1 Reyes 3:7-14 RV 1960

Podemos enfocarnos en Dios y dejar que su bendición nos alcance. Él cuidará que no nos falte nada, aunque estemos pasando por necesidad o alguna dificultad económica, es sorprendente como viene a nuestro rescate en el momento que pensamos que estaba perdido todo.

3. La Rutina.

Este es un enemigo letal y silencioso que atrapa sin que te des cuenta viendo las consecuencias devastadoras provocadas en las vidas de aquellos que fueron afectados.

Características de la Rutina:

- Es silenciosa
- Se abraza fácilmente familiarizándose con ella.
- Confortable.
- Ciclica.
- Genera hábitos.

- Pasa desapercibida.
- Genera cansancio.
- Genera desánimo.
- Genera una falsa seguridad.
- Hace creer que todo esta bien.
- Se resiste al cambio.

Dios nos exhorta constantemente a vivir una vida plena, nos desafía a quitar todo peso que nos asedia en el momento y nos impulsa a correr con paciencia la carrera que un día iniciamos con alegría y gozo.

23 Mantengámonos firmes sin titubear en la esperanza que afirmamos, porque se puede confiar en que Dios cumplirá su promesa.
24 Pensemos en maneras de motivarnos unos a otros a realizar actos de amor y buenas acciones.
25 Y no dejemos de congregarnos, como lo hacen algunos, sino animémonos unos a otros, sobre todo ahora que el día de su regreso se acerca.

Hebreos 10:23-25 NTV

Debemos aprender que cuando servimos al Señor traerá desgaste, físico, mental y espiritual. Por esa razón necesitamos tener la guía del Espíritu Santo para que sea Él quien nos ayude a estar enfocados siempre que el nivel de pasión que tuvimos desde el principio se mantenga igual hasta el final.

Necesitamos hacer un breve alto en nuestra vida que se encuentra saturada de horarios, actividades obligatorias y recreativas para poder oxigenar nuestro espíritu y alma que se encuentran saturados por las cargas que nos hemos autoimpuesto.

Existe un alto porcentaje de pastores que hoy en día llegan al hospital con problemas cardiacos, problemas en su aparato digestivo o problemas de respiración. Todo esto es provocado por las cargas excesivas que llevan encima y que cuando están en cama se dan cuenta que ellos no son Dios, solo son servidores el único que puede dar respuestas y soluciones concretas a su iglesia es el dueño, el que pago con su sangre preciosa y el que cuida y vela por ella de generación en generación.

Es por esa razón la rutina es un cáncer que debe tratarse a tiempo. Sí en verdad anhelamos servir por mucho tiempo.

Esto tal vez los que son miembros o líderes podrán tomarlo como excusa para justificar muchas de sus faltas o indisciplina, a diferencia de ellos, quienes llevan el compromiso estarán comprometidos los 365 días del año, a diferencia de aquellos que solo están comprometidos uno o dos días de la semana.
No debemos justificar nuestra irresponsabilidad pensando que le damos todo a Dios, cuando muchas veces estamos consciente de que no es cierto. Gran

parte de nuestra rutina esta enfocada en nuestra vida misma, en tratar de vivir una vida mejor llenándonos de trabajos que nos remunere un ingreso, que nos permita llevar ese estilo de vida. Entonces, no digamos que es por causa del ministerio, la mayor parte de las cargas son personales, porque tenemos objetivos individuales claros. Gran parte de esta rutina nos hace desviar nuestra mirada de aquel que nos llamó y nos lavó con su sangre. Y es triste que por causa de tantas ocupaciones nos perdamos de grandes bendiciones que fueron reservadas para disfrutarlas aquí en el hoy, y que despreciamos por seguir aquellas cosas que pensamos que en nuestras fuerzas podemos alcanzarlas.

4. Pecados Ocultos.

Anhelamos cosas que satisfacen nuestros deseos, pero como no logramos obtenerlos, nos frustramos de tal manera que el enemigo envía dardos venenosos para atraparnos y llevarnos a prisiones de oscuridad. Dios lo permite, porque nos ha dado libre albedrío, y nos deja que decidamos nosotros mismos con el fin de que no podamos reprocharle nada, aunque Dios no este de acuerdo porque sabe las consecuencias, el respeta la ley del libre albedrío que estableció con el propósito de que su creación decida por cual camino transitar.

Vi a los muertos, tanto grandes como pequeños, de pie delante del trono de Dios. Los libros fueron abiertos, entre ellos el libro de la vida. A los muertos se les juzgó de acuerdo a las cosas que habían hecho, según lo que estaba escrito en los libros.

Apocalipsis 20:12 NTV

Todos tenemos un libro personal en donde se esta escribiendo nuestra historia; toda nuestra vida estará registrada sin que falte nada. Cuando estemos en su presencia observaremos que en un momento de nuestra vida, Dios tuvo que apartarse de nosotros abandonándonos a nuestro criterio porque Él es Santo, Santo, Santo, y no puede estar en lugares que no es bienvenido.

El Líder, le mencionaré así por guardar su anonimato un joven ministro de alabanza de aproximadamente 30 años de edad, soltero y con un carisma increíble llevaba su ministerio de manera extraordinaria. Todos le respetaban en cierta forma pero siempre con un perfil oculto que años más tarde el Espíritu Santo lo sacaría a la luz. El Líder tenía un gusto por los niños que disfrazaba con simpatía mostrándose inofensivo y confiable, pero sus actos en lo oculto y un historial que lo antecedía desde que él fue abusado sexualmente a temprana edad comenzó a ser atacado por espíritus de homosexualismo y pedofilia principalmente. El enemigo sembró huevecillos a través de esa violación y llegado el tiempo, siendo una persona adulta paso de ser víctima a convertirse en victimario desarrollando un patrón de conducta lasciva y que lo llevó a violentar a varios niños y niñas que estaban a su alcance porque su posición en la iglesia le permitía el acceso a ellos sin que nadie desconfiara de él. De acuerdo al desarrollo físico y mental sabemos que la adolescencia es una etapa en la que de manera normal los hombres tienen un despertar a la sexualidad dependiendo el entorno en el que este despertar ocurra es si se define como sano o se deforma el desarrollo psico-sexual del adolescente. Cuando el Líder quedó descubierto quizo justificar sus patrones de conducta lasciva hacia los niños argumentando que cuando el era niño fue abusado sexualmente, es aquí que puedo afirmar que el entorno en el que nos desarrollamos si modifica la conducta, porque conozco el testimonio de un hombre de Dios que pasó por circunstancias similares en su infancia. También fue violado desarrollando otros patrones de conducta que por haber sufrido este acto, él no concebía la idea de abusar de otra persona de su edad o más pequeños. A decir verdad hubo un tiempo de su vida que era frecuentado por homosexuales queriendo desviarlo de su propósito mismo que desconocía. Pero llegando a sus 19 años tuvo un encuentro personal poderoso con Dios. Él fue quien le ayudo a enfocarse y ser una persona diferente, el enemigo lo quería destruir pero Dios lo rescato a tiempo y no solo eso, hoy disfruta de una hermosa familia regalo del mismo Dios que lo lavó con su sangre. A diferencia el Líder por sus decisiones y permitirse satisfacer sus deseos sin reconocer, confesar y renunciar su pecado lo llevó a estar en prisión no solo espiritual sino también fisicamente por un tiempo, hoy recuerdo sus palabras que resuenan en mi mente "cualquier cosa que hagan conmigo, estaré agradecido, porque dentro de mí llevó un monstruo que hasta ahora no he podido vencer". Es así que cobra importancia la responsabilidad por mi condición espiritual, soy responsable de mi propia libertad, de cooperar con el Espíritu Santo para ser libre y echar los demonios de mi propia vida reconociendo, confesando y renunciando todos mis pecados aun aquellos que me avergüencen porque el precio fue pagado en la cruz del calvario.

Por esa razón, Dios los abandonó a sus pasiones vergonzosas. Aun las mujeres se rebelaron contra la forma natural de tener relaciones sexuales y, en cambio, dieron rienda suelta al sexo unas con otras.

Romanos 1:24 NTV

Recordemos que lo que nos separa de Dios, es el pecado. El pecado es toda transgresión a los mandamientos de Él. Y como consecuencia traer muerte, nos lleva a una vida de confusión, locura y de la falta de uso de nuestro razonamiento.

Muchos de los pecados ocultos que practicamos son a causa de una gran necesidad de satisfacer deseos de nuestra carne, cosas que nuestra carne anhela y que esta consciente que van en contra de los estándares de Dios. Son ocultos debido a que se hacen en la oscuridad, a escondidas, cuando pensamos que nadie nos puede observar, porque estamos conscientes que existirá un rechazo de nuestra persona, no solo de Dios sino de las personas que más amamos en nuestra vida.

9 ¿No sabéis que los injustos no heredarán el reino de Dios? No erréis; ni los fornicarios, ni los idólatras, ni los adúlteros, ni los afeminados, ni los que se echan con varones,
10 ni los ladrones, ni los avaros, ni los borrachos, ni los maldicientes, ni los estafadores, heredarán el reino de Dios.
11 Y esto erais algunos; mas ya habéis sido lavados, ya habéis sido santificados, ya habéis sido justificados en el nombre del Señor Jesús, y por el Espíritu de nuestro Dios.
1 Corintios 6:9-11 RV 1960

5. **Practica de la Mentira.** Un mal que puede hacernos perder nuestra entrada al Cielo

Las Escrituras nos muestran que los mentirosos no podrán tener acceso al reino de los cielos. Esto es una terrible verdad, pero ¿qué porcentaje de iglesia actualmente practica la mentira?, es más ¿cuantos Siervos de Dios pastores, líderes, evangelistas, misioneros, apóstoles, profetas. Que han sido ungidos también practican esto?

El espíritu de mentira impregnado en nuestro ser, provoca muchas de nuestras angustias, debido a que es alimentado todos los días, es difícil que se quiera ir, necesitamos arrepentirnos de todo corazón y renunciar por completo a él, si no queremos perder todo lo que con muchos sacrificios, procesos y pruebas hemos logrado alcanzar.

Pero los cobardes e incrédulos, los abominables y homicidas, los fornicarios y hechiceros, los idólatras y todos los mentirosos tendrán su parte en el lago que arde con fuego y azufre, que es la muerte segunda.
Apocalipsis 21:8 RV 1960

El Apóstol Pablo nos dice:

Pero Dios muestra su ira desde el cielo contra todos los que son pecadores y perversos, que detienen la verdad con su perversión.
Romanos 1:18 NTV

Observemos que dice claramente que Dios muestra su ira desde el cielo contra todos los que detienen la verdad con su perversión.

De acuerdo al diccionario Oxford Verdad significa: Conformidad entre lo que una persona manifiesta y lo que ha experimentado, piensa o siente.

Mentira significa: Afirmación que una persona hace consciente de que no es verdad.

Perversión significa: **Acción de pervertir o pervertirse** en los vicios o costumbres. **Inclinación antinatural en los instintos** o el comportamiento.

Cuando se practica la mentira, corremos el riesgo de caer en muchas faltas, inclusive nuestro razonamiento puede llegar a cauterizarse y considerarla como un habito que no hace daño, cuando en realidad estamos ocasionándonos serios problemas.

28 Por pensar que era una tontería reconocer a Dios, él los abandonó a sus tontos razonamientos y dejó que hicieran cosas que jamás deberían hacerse.
29 Se llenaron de toda clase de perversiones, pecados, avaricia, odio, envidia, homicidios, peleas, engaños, conductas maliciosas y chismes.
30 Son traidores, insolentes, arrogantes, fanfarrones y gente que odia a Dios. Inventan nuevas formas de pecar y desobedecen a sus padres.

31 No quieren entrar en razón, no cumplen lo que prometen, son crueles y no tienen compasión.
Romanos 1:28-31 NTV

Observemos que la mentira comienza a unir eslabones, estos eslabones que se van construyendo uno a uno, no nos ayudarán para nada el día que Dios nos llamé a su presencia. Y por si fuese poco aunque no lo queramos reconocer, cuando estemos delante de Él se nos demandará todas las cosas que hagamos o digamos.

36 Les digo lo siguiente: el día del juicio, tendrán que dar cuenta de toda palabra inútil que hayan dicho.
37 Las palabras que digas te absolverán o te condenarán».
Mateo 12:36-37 NTV

¿Desde cuándo o en dónde surge la mentira y que daños ocasionó en ese momento?

15 »"Eras intachable en todo lo que hacías, desde el día en que fuiste creado hasta el día en que se encontró maldad en ti.

16 Tu abundante comercio te llevó a la violencia, y pecaste. Entonces te expulsé en deshonra de la montaña de Dios. Te eché, guardián poderoso, del lugar que tenías entre las piedras de fuego.

17 Tu corazón se llenó de orgullo debido a tu gran belleza. Tu sabiduría se corrompió a causa de tu amor por el esplendor. Entonces te arrojé al suelo y te expuse a la mirada curiosa de los reyes.

18 Profanaste tus santuarios con tus muchos pecados y tu comercio deshonesto. Entonces hice brotar fuego de tu interior y te consumió. Te reduje a cenizas en el suelo a la vista de todos los que te miraban.

Ezequiel 28:15-18 NTV

4 Con la cola arrastró la tercera parte de las estrellas en el cielo y las arrojó a la tierra.

7 Entonces hubo guerra en el cielo. Miguel y sus ángeles lucharon contra el dragón y sus ángeles.

8 El dragón perdió la batalla y él y sus ángeles fueron expulsados del cielo.

9 Este gran dragón—la serpiente antigua llamada diablo o Satanás, el que engaña al mundo entero—fue lanzado a la tierra junto con todos sus ángeles.

Apocalipsis 12:4, 7-9 NTV

La mentira es una de las armas más usadas por sátanas, desde la antigüedad, podemos observar que siempre la tomó como estrategia para seducir aun a hombres de Dios, con el único fin de arrebatarles su propósito y asignación.

Vemos ejemplos desde Caín, cuando este mató a Abel. Dios le hizo una pregunta para probarlo porque ya sabía lo que había sucedido, mas sin embargo Caín echo mano de la mentira tratando de engañar a Dios.

3 Al llegar el tiempo de la cosecha, Caín presentó algunos de sus cultivos como ofrenda para el Señor.

4 Abel también presentó una ofrenda: las mejores partes de algunos de los corderos que eran primeras crías de su rebaño. El Señor aceptó a Abel y a su ofrenda,

5 pero no aceptó a Caín ni a su ofrenda. Esto hizo que Caín se enojara mucho, y se veía decaído.

6 «¿Por qué estás tan enojado? —preguntó el Señor a Caín—. ¿Por qué te ves tan decaído?

7 Serás aceptado si haces lo correcto, pero si te niegas a hacer lo correcto, entonces, ¡ten cuidado! El pecado está a la puerta, al acecho y ansioso por controlarte; pero tú debes dominarlo y ser su amo».

8 Cierto día Caín dijo a su hermano: «Salgamos al campo». Mientras estaban en el campo, Caín atacó a su hermano Abel y lo mató.

9 Luego el Señor le preguntó a Caín:

—¿Dónde está tu hermano? ¿Dónde está Abel?

—No lo sé —contestó Caín—. ¿Acaso soy yo el guardián de mi hermano?

Génesis 4:3-9 NTV

Otro de los ejemplos fue cuando Abraham se refugió en Egipto y presentó a su esposa Sara como si fuese su hermana. Él decidió mentir para evitar que los egipcios le mataran, había hecho a un lado la promesa de Bendición que Dios le había entregado, y confió más en su razonamiento que en la promesa que le fue empeñada.

10 En aquel tiempo, un hambre terrible azotó la tierra de Canaán y obligó a Abram a descender a Egipto, donde vivió como extranjero.
11 Al acercarse a la frontera de Egipto, Abram le dijo a su esposa Sarai: «Mira, tú eres una mujer hermosa.
12 Cuando los egipcios te vean, dirán: "Ella es su esposa. ¡Matémoslo y entonces podremos tomarla!".
13 Así que, por favor, diles que eres mi hermana. Entonces me perdonarán la vida y me tratarán bien debido al interés que tienen en ti»

Génesis 12:10-13 NTV

Hombres y mujeres que les costo construir una buena fama pública y hacerse de una reputación aceptable a los ojos de quienes los han venido siguiendo y observando, he visto como han experimentado la traición por quienes han sido seducidos por el arte de la mentira, creyéndose sabios en su propia opinión han dado lugar a perseguir la fama, el orgullo, la independencia y autonomía que observan en quienes admiran pero no conocen haciéndoles verse como dioses delante de sus ojos, ¿Pero que otra cosa se puede esperar? No existe un discernimiento debido a una cauterización de su mente. Luz Bel se encontraba dirigiendo la alabanza de Dios Padre, pero al verse a sí mismo vió que tenía cualidades que otros seres angelicales no tenían. Por alguna razón comenzó a envanecerse y sentirse grande, esto lo llevó a pecar contra Dios. ¿Cuántas veces te has rebelado en contra de quienes te han brindado su apoyo y confianza? Sé que te has visto confrontado con aquellos deseos de grandeza, y superioridad actuando, hablando con mentira y engaño para tratar de ocupar lugares que no es el tiempo de tomar porque necesitas el debido proceso y el tiempo que Dios requiere para tratar de manera personal e individual con tu carácter y aquellas áreas que estoy seguro no has querido entregar. Entre personas inconformes e insatisfechas que quieren lo que otros tienen porque aún no han descubierto sus dones, capacidades, habilidades, talentos ha crecido mi ministerio, mientras observo que cada uno de ellos por el solo hecho de ser personas que han sido llamadas también no comprenden que cada uno ocupa lugares diferentes de asignación y propósito, esto es lo que satanás no soporta que tú y yo fuimos creados a imagen y semejanza de Dios.

1 Hay una temporada para todo, un tiempo para cada actividad bajo el cielo.

11 Sin embargo, Dios lo hizo todo hermoso para el momento apropiado. Él sembró la eternidad en el corazón humano, pero aun así el ser humano no puede comprender todo el alcance de lo que Dios ha hecho desde el principio hasta el fin.

15 Los sucesos del presente ya ocurrieron en el pasado, y lo que sucederá en el futuro ya ocurrió antes, porque Dios hace que las mismas cosas se repitan una y otra vez.

Eclesiastés 3:1, 11, 15

El ser humano es cíclico, es común no distinguir cuando nos encontramos participando en un ciclo que se mueve de la generosidad a la gratitud o cuando se rompe la generosidad y desata la ingratitud o deslealtad, confundir la prueba con lo que realmente Dios quiere hacer en la vida del hombre desde el principio, hasta su último aliento.

Consecuencias de la mentira:

17 Pero el Señor envió plagas terribles sobre el faraón y sobre todos los de su casa debido a Sarai, la esposa de Abram.

18 Así que el faraón mandó llamar a Abram y lo reprendió severamente: «¿Qué me has hecho?— preguntó—. ¿Por qué no me dijiste que era tu esposa?.

Génesis 12:17-18 NTV

Ojalá y esto hubiese terminado aquí, este mal viajó por el conducto sanguíneo atrapando a Isaac y cayendo en el mismo error de su padre Abraham. Es por esa razón que debemos tener mucho cuidado con lo que hacemos y hablamos ya que los demonios tomarán esto como derecho legal o autorización para oprimir la vida de aquellos que nos preceden en nuestro árbol genealógico.

1 Un hambre terrible azotó la tierra, como había ocurrido antes en tiempos de Abraham. Así que Isaac se trasladó a Gerar, donde vivía Abimelec, rey de los filisteos.

2 El Señor se le apareció a Isaac y le dijo: «No desciendas a Egipto, sino haz lo que yo te digo.

3 Vive aquí como extranjero en esta tierra, y yo estaré contigo y te bendeciré. Yo, con estas palabras, confirmo que te daré todas estas tierras a ti y a tu descendencia, tal como le prometí solemnemente a Abraham, tu padre.

4 Haré que tus descendientes sean tan numerosos como las estrellas de los cielos, y les daré todas estas tierras. Y mediante tu descendencia, todas las naciones de la tierra serán bendecidas.

5 Yo haré esto porque Abraham me escuchó y obedeció todos mis requisitos, mandatos, decretos e instrucciones».

6 Entonces Isaac se quedó en Gerar.

7 Cuando los hombres que vivían allí le preguntaron a Isaac acerca de Rebeca, su esposa, él dijo: «Es mi hermana». Tenía temor de decir: «Ella es mi esposa» porque pensó: «Me matarán para conseguirla, pues es muy hermosa»;

8 pero tiempo después, Abimelec, rey de los filisteos, miró por la ventana y vio a Isaac acariciando a Rebeca.

9 Al instante, Abimelec mandó llamar a Isaac y exclamó:

—¡Es evidente que ella es tu esposa! ¿Por qué dijiste: "Es mi hermana"?

—Porque tuve temor de que alguien me matara para quitármela—contestó Isaac.

10 —¿Cómo pudiste hacernos semejante cosa?— exclamó Abimelec—. Uno de mis hombres bien podría haber tomado a tu esposa para dormir con ella, y tú nos habrías hecho culpables de un gran pecado.

11 Entonces Abimelec dio esta orden a todo el pueblo: «Cualquiera que toque a este hombre o a su esposa ¡será ejecutado!».

Génesis 26:1-11 NTV

Isaac, esta mentirá viajo por el derecho legal sanguíneo. Sátanas trató de tomar ventaja para confundir a Isaac y también quitarlo de su asignación y propósito.

Jacob, hijo de Isaac, este también mintió, engañó a su padre cuando este estaba muriendo, haciéndose pasar por su hermano Esaú. Isaac le dio su bendición pensando que era su primogénito. Las consecuencias de la mentira y el engaño de Jacob le llevaron a que su suegro Laban también le engañara, y no fue sino hasta que Jacob tuvo ese encuentro sobrenatural con el Angel de Jehová en donde rompió con toda maldición generacional.

Observemos lo siguiente, las Escrituras nos dicen:

No se permitirá la entrada a ninguna cosa mala ni tampoco a nadie que practique la idolatría y el engaño. Solo podrán entrar los que tengan su nombre escrito en el libro de la vida del Cordero.
Apocalipsis 21:27 NTV
Jacob había sido llevado al límite, y ahora su nombre le había sido cambiado de usurpador a Israel "**el que lucha con Dios**".
Vemos que la Biblia registra a otras personas que usaron la mentira como un medio para defender una causa:

Rahab la prostituta escondió a los espías que fueron a Jericó, de los soldados que los estaba persiguiendo.

Tamar mintió a su suegro Judá con quien tuvo relaciones sexuales, haciendo creer que era una mujer prostituta.

David le mintió a los filisteos y a su rey haciéndose pasar por loco, para que no le matasen.

Jesús tomo esta estrategia sutil del diablo, haciendo creer a él y todas sus huestes que una vez que lo matasen toda amenaza contra su reino se acabaría, pero cual fue su sorpresa que en la cruz Jesús se hizo maldito, llevó el pecado de todos nosotros para darnos la libertad que hoy disfrutamos gracias a su preciosa sangre derramada.

Jesús nunca oculto nada, siempre mencionó que iba a resucitar, todas las profecías mostraron abiertamente la asignación y propósito de Jesús en la tierra, pero sátanas jamas lo comprendió, fue apresado en su propio engaño, fue derrotado con su propia arma. Esto nos da a entender que sátanas por más intentos que haga por tratar de desenfocarnos, lo único que hará es empujarnos a nuestro propósito, eso es lo que hizo con Jesús, lo empujo a la cruz y en ella fue consumado el plan de redención a la perfección para todas las generaciones.

Algo que debemos tomar muy en serio es a estas palabras:

Y Jehová respondió a Moisés: Al que pecare contra mí, a este raeré yo de mi libro.
Éxodo 32:33 RV 1960

Una cosa es justificar nuestra falta con algo verdadero que nos haya pasado y otra mentir deliberadamente para ser justificados. Recordemos que Dios no puede ser engañado. Ahora, entonces **¿es permitida la mentira? o ¿porque Dios perdonó aquellos que la usaron cuando habían cometido una falta?.**

Creo que usar la mentira como un habito para satisfacer algunos deseos mal encausados, siempre nos va acarrear graves problemas. Tal vez en el momento estemos librando una batalla, pero después Dios sacará a la luz la verdad y traerá consecuencias fatales.

21 Ahora bien, si los perversos abandonan sus pecados y comienzan a obedecer mis decretos y a hacer lo que es justo y correcto, ciertamente vivirán y no morirán.
22 Todos los pecados pasados serán olvidados y vivirán por las acciones justas que han hecho.
Ezequiel 18:21-22 NTV

Es nuestra responsabilidad cuidar lo que Dios ha depositado en nuestro corazón, su presencia, su permanencia en nosotros dependerá de que tanto estamos dispuestos a dejar por causa de su Nombre.

Por tanto, amados míos, como siempre habéis obedecido, no como en mi presencia solamente, sino mucho más ahora en mi ausencia, ocupaos en vuestra salvación con temor y temblor.
Filipenses 2:12 RV 1960

6. **Un Falso Cristianismo.** Llenos de reglas y dogmas, pero hueco, sin frutos.

27 »¡Qué aflicción les espera, maestros de la ley religiosa y fariseos! ¡Hipócritas! Pues son como tumbas blanqueadas: hermosas por fuera, pero llenas de huesos de muertos y de toda clase de impurezas por dentro.
28 Por fuera parecen personas rectas, pero por dentro, el corazón está lleno de hipocresía y desenfreno.
Mateo 23:27-28 NTV

Muchas veces me he encontrado con gente sumamente religiosa, entendamos por religiosa a aquellas personas que todo lo espiritualizan, que por donde quiera ven fallas y que su conducta ante los demás es de una persona llena de tantas reglas que estoy seguro que ellos mismos no cumplen. Existe un vacío en sus corazones y tratan de mostrar la gran falta de amor que tienen con tantas exigencias pretendiendo ayudar, pero desafortunadamente sus acciones van mucho más allá de sus palabras que tristemente reflejan todo menos a Jesús en sus vidas.

¿Cuántas veces este tipo de personas han impedido la entrada a la iglesia de aquellos que vienen con el corazón destrozado y con la necesidad de tener un encuentro con Dios?,

Este tipo de personas lo único que ven son faltas y no perciben el hambre de Dios en aquellos que tratan de acercarse a Él.

31 »Así que al decir eso, dan testimonio en contra de ustedes mismos, que en verdad son descendientes de aquellos que asesinaron a los profetas.
32 Sigan adelante y terminen lo que sus antepasados comenzaron.
33 ¡Serpientes! ¡Hijos de víboras! ¿Cómo escaparán del juicio del infierno?

Mateo 23:31-33 NTV

Este tipo de personas se encuentran en una línea muy delgada, están en riesgo de perderlo todo, necesitan urgentemente hacer un cambio de mentalidad, necesitan que Jesús venga y haga una reestructura mental para que puedan ver como Él ve, escuchar como Él escucha, Amar como Él ama, y ser pacientes como lo es Él para con nosotros.

Muchas de estas personas no son malas, su propósito verdadero es que caminemos en rectitud aunque muchas veces las formas impiden que podamos entenderlos. Muchas veces no logran percibir la Gracia de Dios como un regalo, y se olvidan por completo que Él que comenzó la buena Obra en nosotros un día la terminará de manera perfecta.

7. Comunión con el mundo y amistad con el diablo.

¡Adúlteros! ¿No se dan cuenta de que la amistad con el mundo los convierte en enemigos de Dios? Lo repito: si alguien quiere ser amigo del mundo, se hace enemigo de Dios.
Santiago 4:4 NTV

Creo que este punto es demasiado claro, Dios nos demanda que que cortemos todo lazo que exista entre en mundo de las tinieblas y nosotros. Dios nos demanda a vivir como extranjeros y peregrinos en una tierra en donde estamos de paso. Dios nos exhorta a que pongamos nuestra mirada exclusivamente en Él quien es el autor y consumador de la Fe. Nuestras decisiones son importantes y trascienden hasta la eternidad. Por esa razón debemos tener Identidad y ser Leales a aquel que nos llamó y nos lavó con su sangre. Sellándonos con su Espíritu Santo quien es la Garantía que nos fue dada a todos sus hijos.

Estas siete practicas nos llevan a desenfocarnos terriblemente de nuestro propósito y asignación.

2. ¿De dónde hemos caído?, ¿Cuándo fue que empece a no ver que estaba en peligro y que deje de amar y abrazar lo que Dios entregó en mis manos?.

2 Yo conozco tus obras, y tu arduo trabajo y paciencia; y que no puedes soportar a los malos, y has probado a los que se dicen ser apóstoles, y no lo son, y los has hallado mentirosos;
3 y has sufrido, y has tenido paciencia, y has trabajado arduamente por amor de mi nombre, y no has desmayado.
Apocalipsis 2:2-3 RV 1960

1. Dios conoce que estoy involucrado en su obra.

"Yo conozco tus obras, y tu arduo trabajo y paciencia"
Apocalipsis 2:2a

2. Dios conoce que sé distinguir quién es Cristiano y quien aparenta ser cristiano.

15 »Ten cuidado de los falsos profetas que vienen disfrazados de ovejas inofensivas pero en realidad son lobos feroces.

16 Puedes identificarlos por su fruto, es decir, por la manera en que se comportan. ¿Acaso puedes recoger uvas de los espinos o higos de los cardos?
17 Un buen árbol produce frutos buenos y un árbol malo produce frutos malos.
18 Un buen árbol no puede producir frutos malos y un árbol malo no puede producir frutos buenos.
19 Por lo tanto, todo árbol que no produce frutos buenos se corta y se arroja al fuego.
20 Así es, de la misma manera que puedes identificar un árbol por su fruto, puedes identificar a la gente por sus acciones.

Mateo 7:15-20 NTV

3. Dios conoce que su espíritu me enseña y me muestra a los falsos maestros, pastores, apóstoles, profetas, alejándome de ellos para protección propia.

21 No todo el que me dice: Señor, Señor, entrará en el reino de los cielos, sino el que hace la voluntad de mi Padre que está en los cielos.
22 Muchos me dirán en aquel día: Señor, Señor, ¿no profetizamos en tu nombre, y en tu nombre echamos fuera demonios, y en tu nombre hicimos muchos milagros?
23 Y entonces les declararé: Nunca os conocí; apartaos de mí, hacedores de maldad.

Mateo 7:21-23 RV 1960

4. Dios conoce todo lo que he tenido que sufrir por causa de su Nombre, aun cuando mi familia me ha dado la espalda por ser cristiano.

y has sufrido, y has tenido paciencia, y has trabajado arduamente por amor de mi nombre, y no has desmayado.
Apocalipsis 2:3 RV1960

34 »¡No crean que vine a traer paz a la tierra! No vine a traer paz, sino espada.
35 "He venido a poner a un hombre contra su padre, a una hija contra su madre y a una nuera contra su suegra.
36 ¡Sus enemigos estarán dentro de su propia casa!" .
37 »Si amas a tu padre o a tu madre más que a mí, no eres digno de ser mío; si amas a tu hijo o a tu hija más que a mí, no eres digno de ser mío.
38 Si te niegas a tomar tu cruz y a seguirme, no eres digno de ser mío.
39 Si te aferras a tu vida, la perderás; pero, si entregas tu vida por mí, la salvarás.
Mateo 10:34-39 NTV

5. Dios conoce que a pesar de las pruebas, no sé como estoy de pie, aunque muchas veces he sido tentado a renunciar como muchos lo han hecho tan fácilmente.

32 Acuérdense de los primeros tiempos, cuando recién aprendían acerca de Cristo. Recuerden cómo permanecieron fieles aunque tuvieron que soportar terrible sufrimiento.

33 Algunas veces los ponían en ridículo públicamente y los golpeaban, otras veces ustedes ayudaban a los que pasaban por lo mismo.

34 Sufrieron junto con los que fueron metidos en la cárcel y, cuando a ustedes les quitaron todos sus bienes, lo aceptaron con alegría. Sabían que en el futuro les esperaban cosas mejores, que durarán para siempre.

35 Por lo tanto, no desechen la firme confianza que tienen en el Señor. ¡Tengan presente la gran recompensa que les traerá!

36 Perseverar con paciencia es lo que necesitan ahora para seguir haciendo la voluntad de Dios. Entonces recibirán todo lo que él ha prometido.

37 «Pues, dentro de muy poco tiempo, Aquel que viene vendrá sin demorarse.

38 Mis justos vivirán por la fe. Pero no me complaceré con nadie que se aleje».

39 Pero nosotros no somos de los que se apartan de Dios hacia su propia destrucción. Somos los fieles, y nuestras almas serán salvas.

Hebreos 10:32-39 NTV

3. ¿Qué es lo que verdaderamente provoca que me desenfoque?

1. Cuando quitamos nuestra mirada de aquel que nos llamó.

1 Por lo tanto, ya que estamos rodeados por una enorme multitud de testigos de la vida de fe, quitémonos todo peso que nos impida correr, especialmente el pecado que tan fácilmente nos hace tropezar. Y corramos con perseverancia la carrera que Dios nos ha puesto por delante.
2 Esto lo hacemos al fijar la mirada en Jesús, el campeón que inicia y perfecciona nuestra fe. Debido al gozo que le esperaba, Jesús soportó la cruz, sin importarle la vergüenza que esta representaba. Ahora está sentado en el lugar de honor, junto al trono de Dios.
3 Piensen en toda la hostilidad que soportó por parte de pecadores, así no se cansarán ni se darán por vencidos.
4 Después de todo, ustedes aún no han dado su vida en la lucha contra el pecado.
Hebreos 12:1-4 NTV

2. Cuando volteamos a los lados observando la vida que llevan las gentes del mundo y contemplamos como ellos tienen tantas cosas y nosotros continuamos batallando, aparentemente sin avanzar.

1 En verdad Dios es bueno con Israel, con los de corazón puro.

2 Pero en cuanto a mí, casi perdí el equilibrio; mis pies resbalaron y estuve a punto de caer,

3 porque envidiaba a los orgullosos cuando los veía prosperar a pesar de su maldad.

4 Pareciera que viven sin problemas; tienen el cuerpo tan sano y fuerte.

5 No tienen dificultades como otras personas; no están llenos de problemas como los demás.

6 Lucen su orgullo como un collar de piedras preciosas y se visten de crueldad.

7 ¡Estos gordos ricachones tienen todo lo que su corazón desea!

8 Se burlan y hablan solo maldades; en su orgullo procuran aplastar a otros.

9 Se jactan contra los cielos mismos, y sus palabras se pasean presuntuosas por toda la tierra.

10 Entonces la gente se desanima y se confunde al tragarse todas esas palabras.

11 «¿Y qué sabe Dios?—preguntan—. ¿Acaso el Altísimo sabe lo que está pasando?».

12 Miren a esos perversos: disfrutan de una vida fácil mientras sus riquezas se multiplican.

13 ¿Conservé puro mi corazón en vano?¿Me mantuve en inocencia sin ninguna razón?

14 En todo el día no consigo más que problemas; cada mañana me trae dolor.

15 Si yo realmente hubiera hablado a otros de esta manera, habría sido un traidor a tu pueblo.

16 Traté de entender por qué los malvados prosperan, ¡pero qué tarea tan difícil!

17 Entonces entré en tu santuario, oh Dios, y por fin entendí el destino de los perversos.

18 En verdad, los pones en un camino resbaladizo y haces que se deslicen por el precipicio hacia su ruina.

19 Al instante, quedan destruidos, totalmente consumidos por los terrores.

20 Cuando te levantes, oh Señor, te reirás de sus tontas ideas como uno se ríe por la mañana de lo que soñó en la noche.

21 Entonces me di cuenta de que mi corazón se llenó de amargura, y yo estaba destrozado por dentro.

22 Fui tan necio e ignorante; debo haberte parecido un animal sin entendimiento.

23 Sin embargo, todavía te pertenezco; me tomas de la mano derecha.

24 Me guías con tu consejo y me conduces a un destino glorioso.

25 ¿A quién tengo en el cielo sino a ti? Te deseo más que cualquier cosa en la tierra.

26 Puede fallarme la salud y debilitarse mi espíritu, pero Dios sigue siendo la fuerza de mi corazón; él es mío para siempre.

27 Los que lo abandonen, perecerán, porque tú destruyes a los que se alejan de ti.

28 En cuanto a mí, ¡qué bueno es estar cerca de Dios! Hice al Señor Soberano mi refugio, y a todos les contaré las maravillas que haces.

Salmo 73 NTV

3. Cuando nos llenamos de tantas actividades que no dejamos tiempo para orar. Estamos tan cansados que nuestro cuerpo no responde ante el llamado de nuestro Señor para tener un tiempo con Él.

4. Cuando no valoramos la necesidad de ayunar, el enemigo reconoce que cuando un cristiano ayuna, este se vuelve mas peligroso debido a que el ayuno junto con la oración proporciona mayor santidad y la santidad recibe poder sobre toda potestad del mismo infierno.

6 Así que humíllense ante el gran poder de Dios y, a su debido tiempo, él los levantará con honor.

7 Pongan todas sus preocupaciones y ansiedades en las manos de Dios, porque él cuida de ustedes.

8 ¡Estén alerta! Cuídense de su gran enemigo, el diablo, porque anda al acecho como un león rugiente, buscando a quién devorar.

9 Manténganse firmes contra él y sean fuertes en su fe. Recuerden que su familia de creyentes en todo el mundo también está pasando por el mismo sufrimiento.
1 Pedro 5:6-9 NTV

5. Cuando dejamos de escudriñar las Escrituras. Jesús nos señaló que tenemos la responsabilidad de escudriñarlas, ya que mucho de su pueblo perece por falta de conocimiento.

16 Toda la Escritura es inspirada por Dios y es útil para enseñarnos lo que es verdad y para hacernos ver lo que está mal en nuestra vida. Nos corrige cuando estamos equivocados y nos enseña a hacer lo correcto.
17 Dios la usa para preparar y capacitar a su pueblo para que haga toda buena obra.
2 Timoteo 3:16-17 NTV

6. Cuando las cosas de Dios ya no son nuestra prioridad.

Pero tengo contra ti, que has dejado tu primer amor
Apocalipsis 2:4 RV 1960

Si Dios nos está entregando está palabra, no es para decretar un juicio en contra nuestra, no, el juicio nos lo hemos dado nosotros mismos, debido a que se han abierto puertas y se han entregado derechos legales a nuestro enemigo aun estando conscientes de ello.

El anhelo del corazón de Dios es que volvamos a nuestro primer amor, su anhelo es que no vivamos una vida Cristiana como cualquier religión que existe, sino que verdaderamente tengamos identidad, que aumentemos el nivel de lealtad aquel que nos amó con amor eterno sin importar lo que veníamos arrastrando en nuestras vidas. Las Escrituras nos señalan que para eso apareció el Hijo de Dios, para deshacer las obras del diablo, así que si hemos llegado hasta aquí, debemos abrazar esta Palabra y hacer un compromiso hoy, de renunciar a todas aquellas cosas que han venido a dañar nuestra relación con aquel que nos amó desde antes de que este mundo fuese hecho.

Volvamos a nuestro primer amor, que el Espíritu Santo sea nuestra ayuda para que sea Él quien nos ayude a renunciar a todas aquellas cosas que a nosotros se nos hace imposible de hacerlo. Recordemos que Jesús dijo claramente que Él sería nuestro ayudador, y si Él lo prometió debemos probarlo para conocer cuánto nos ama.

Si hoy te sientes desenfocado, te animo a hacer un inventario de tu vida, toma una hoja y empieza a enumerar de la mas importante a la menos importante que creas que son el motivo por el cual no estas fluyendo como es debido en aquello que se te fue asignado. Examina bien y pídele ayuda al Espíritu Santo que te muestre todas las áreas que están estorbando y que hoy están desenfocándote de tu visión, Misión y Propósito. Sé honesto contigo mismo. No dejes nada a la deriva porque esto te ayudará a ubicarte nuevamente en las primeras obras que hacías al principio y que hoy no las haces.

Oración de Restauración

Señor Jesús

Me llego ante tí en este día, reconociendo que he pisoteado tu sangre, reconozco con vergüenza que te he dado la espalda y que no soy digno de ser llamado tu hijo(a), me siento culpable ante todas las acusaciones que están en mi contra reconociendo que todo es cierto. Por esa razón hoy clamó a tu sangre preciosa derramada en la cruz, para que sea ella el medio por el cual sea perdonado y limpiado por completo. Acepto con humildad tu perdón, y ahora ayúdame a llevar una vida cristiana que a tí no a mí, te agrade. Estorbame en todas aquellas cosas que quiera hacer en contra tuya y que te puedan ofender. Y arranca por favor de mi libro todas aquellas cosas que están escritas y que dañan mi expediente. Dame una nueva oportunidad pues tu eres un Dios de nuevos comienzos, un Dios lleno de misericordia y bondad, y a partir de hoy permíteme escribir mi nueva historia al lado tuyo. Todo esto te lo pido en el precioso Nombre que es Sobre todo nombre, Jesús. Amén.

24 En una carrera son muchos los que corren, pero sólo uno obtiene el premio. Corran de tal modo que ganen la carrera.
25 Los deportistas se someten a una estricta disciplina. Ellos lo hacen para ganar un premio que se echa a perder, mientras que nosotros nos esforzamos por obtener un premio que jamás se desvanecerá.
26 Por lo tanto, yo corro teniendo una meta bien clara; yo peleo para ganar, no como quien da golpes al viento.
27 Más bien, como atleta, someto mi cuerpo y lo trato con rigor, no sea que, después de haber predicado a otros, yo mismo no esté en buenas condiciones y me eliminen.

1 Corintios 9:24-27 NBV

Capítulo 3
CONSTRUYENDO NUESTRA PROPIA TRAMPA
ACTIVANDO MALDICIONES A CAUSA DE NUESTRAS DECISIONES

Entonces Gedeón hizo un efod sagrado con el oro y lo puso en Ofra, su pueblo natal. Pero pronto todos los israelitas se prostituyeron al rendir culto a ese efod, el cual se convirtió en una trampa para Gedeón y su familia.
Jueces 8:27 NTV

Siempre había escuchado acerca de Gedeón como un hombre espectacular, a quien Dios desafío para llevar la hazaña más grande de su vida, derrotar un ejercito de 135, 000 madianitas. Dios le usó de una manera especial que toda promesa y toda palabra que le dió se cumplió cabalmente sin faltar ni una de ellas. Cuando Gedeón es llamado, traía sobre sus hombros maldiciones heredadas por su padre, por si fuese poco había un altar que lo tenía atado con ligaduras muy fuertes y por más que quisiera hacer algo, su estatus en el mundo espiritual no le permitía realizar nada. Fácilmente sus emociones y sentimientos de culpa lo estarían golpeando: autoestima baja y miedo, por mencionar algunos síntomas que se dejaron ver al momento de su llamado.

Si Dios iba a usar a Gedeón lo primero que le demandaría sería derribar todo obstáculo que pudiese frenar su avance, tenía que derribar el altar que su padre había construido y edificar uno nuevo para poder hacer un sacrificio dirigido a Dios. Lo cual sería un acto profético en donde anunciaría su libertad en el mundo espiritual y así permitir que Dios ahora tomará el lugar que le correspondía en su corazón.

25 Esa noche el Señor le dijo a Gedeón: «Toma el segundo toro del rebaño de tu padre, el que tiene siete años. Derriba el altar que tu padre levantó a Baal y corta el poste dedicado a la diosa Asera que está junto al altar.
26 Después construye un altar al Señor tu Dios en el santuario de esta misma cima, colocando cada piedra con cuidado. Sacrifica el toro como ofrenda quemada sobre el altar, y usa como leña el poste dedicado a la diosa Asera que cortaste».
Jueces 6:25-26 NTV

Entendamos que siempre que Dios nos llama lo primero que tiene que hacer es darnos libertad, es responsabilidad de Dios romper con todas las ataduras que nos tienen cautivos para poder caminar en libertad. El único inconveniente es que Dios no puede romper nada debido a que existen derechos espirituales que están establecidos en el mundo espiritual y de los cuales ni Dios ni satanás pueden violar. Así que la decisión para que el Señor pueda obrar en nuestras vidas es personal y nos corresponde a nosotros.

Gedeón debía derribar el altar que su padre había construido y que lo estaba maldiciendo, Dios le dijo exactamente lo que tenía que hacer, así que estaba en las manos y en el corazón de Gedeón el querer hacerlo. Ese altar le estaba estorbando para poder caminar y tomar la victoria que se venía en aquella batalla tan importante que tenía que enfrentar. Y ese sería el primer desafío que tendría que enfrentar.

En la vida nos encontramos con diversas pruebas las cuales están diseñadas para fortalecer nuestra esperanza en Dios, además de cambiar nuestra manera de pensar y fortalecer nuestra fe al perfeccionar nuestro carácter. Siempre dependerá de nosotros el tomar las decisiones correctas que nos permitan caminar en victoria aun en medio de la más difícil prueba.

Dios le demostró a Gedeón que estaba con él, le dió autoridad para vencer a un ejercito que lo superaba en numero. Desafortunadamente cuando vio que toda palabra era real ahora satanás aprovecharía el momento para traer la derrota más grande de su vida. En el mundo físico vemos una victoria que hasta nuestros días seguimos escuchando en los púlpitos constantemente, pero en el mundo espiritual se conoce la derrota más grande que tuvo Gedeón.

¿Por qué el pueblo de Dios una vez que murió Gedeón no se mantuvo en la victoria?

¿Por qué se corrompió y fue a prostituirse tras dioses ajenos?

¿Por qué buscaron nuevamente el darle la espalda a Dios?

33 En cuanto murió Gedeón, los israelitas se prostituyeron al rendir culto a las imágenes de Baal y al hacer a Baal-berit su dios.
34 Se olvidaron del Señor su Dios, quien los había rescatado de todos los enemigos que los rodeaban.
35 Tampoco mostraron lealtad alguna con la familia de Jerobaal (es decir, Gedeón), a pesar de todo el bien que él había hecho por Israel.
Jueces 8:33-35 NTV

¡Algo tuvo que activar esto! el pueblo por alguna razón se corrompió, entendamos que satanás no puede tocar a un pueblo o a una persona que se mantiene en integridad y santidad. Es imposible que atraviese el cerco de protección cuando Dios esta peleando por ellos, el salmo 91 nos lo dice claramente. Así que existieron derechos que el enemigo aprovecho que no podían ejecutarse sino hasta que el hombre de Dios, el que portaba la promesa, el ungido de Jehová muriese.

La Escritura me revela lo siguiente:

22 Entonces los israelitas dijeron a Gedeón: —¡Gobiérnanos! Tú y tu hijo y tu nieto serán nuestros gobernantes, porque nos has rescatado de Madián.
23 Pero Gedeón respondió: —Yo no los gobernaré ni tampoco mi hijo. ¡El Señor los gobernará!
24 Sin embargo, tengo una petición que hacerles: que cada uno de ustedes me dé un arete del botín que recogieron de sus enemigos caídos. (Como los enemigos eran ismaelitas, todos usaban aretes de oro).
25 —¡Con todo gusto! —le contestaron. Así que extendieron un manto, y cada uno de ellos echó un arete de oro que había recogido del botín.
26 Todos los aretes de oro pesaron unos diecinueve kilos, sin contar los ornamentos reales ni los pendientes ni la ropa de púrpura usada por los reyes de Madián, ni las cadenas que sus camellos llevaban en el cuello.
27 Entonces Gedeón hizo un efod sagrado con el oro y lo puso en Ofra, su pueblo natal. Pero pronto todos los israelitas se prostituyeron al rendir culto a ese

efod, el cual se convirtió en una trampa para Gedeón y su familia.

Jueces 8:22-27 NTV

Vemos a un Gedeón centrado, consciente que Dios no lo llamó ni a él ni a sus hijos para ser rey ni para que su descendencia también lo hiciera. Gedeón deja muy en claro su llamado, su asignación y el propósito por el cual Dios le había llamado en ese tiempo.

Hasta este momento de la vida de Gedeón no hay ningún problema. Todo estaba bien, solo que satanás no dejaría pasar su única oportunidad y la aprovecharía al máximo. Ahora trataría con las emociones, deseos y anhelos de Gedeón. La seducción sería el arma perfecta y este espíritu atacaría su mente de manera personal e individual llevándole a tomar una decisión que le causaría mucho daño.

Sin embargo, tengo una petición que hacerles: que cada uno de ustedes me dé un arete del botín que recogieron de sus enemigos caídos. (Como los enemigos eran ismaelitas, todos usaban aretes de oro).

Jueces 8:24 NTV

Gedeón no tenía necesidad de ningún pago, él ya había recibido parte del botín además Dios no lo dejaría solo, su bendición le acompañaría siempre.

Así que este fue el primer error, pedir algo a cambio de la victoria. A Gedeón se le olvidó que fue Dios quien le prometió que le daría poder para poder derrotar a sus enemigos.

15 —Pero, Señor —respondió Gedeón—, ¿cómo podré yo rescatar a Israel? ¡Mi clan es el más débil de toda la tribu de Manasés, y yo soy el de menor importancia en mi familia!
16 El Señor le dijo: —Yo estaré contigo, y destruirás a los madianitas como si estuvieras luchando contra un solo hombre.
Jueces 6:15-16 NTV

El Segundo error que Gedeón comete sería el causante de no solo maldecirse a sí mismo activar una maldición de muerte tanto para su familia como a su pueblo.

Entonces Gedeón hizo un efod sagrado con el oro y lo puso en Ofra, su pueblo natal. Pero pronto todos los israelitas se prostituyeron al rendir culto a ese efod, el cual se convirtió en una trampa para Gedeón y su familia.
Jueces 8:27 NTV

¿Qué es lo primero que nos muestra la Escritura después de que muere Gedeón?

33 En cuanto murió Gedeón, los israelitas se prostituyeron al rendir culto a las imágenes de Baal y al hacer a Baal-berit su dios.
34 Se olvidaron del Señor su Dios, quien los había rescatado de todos los enemigos que los rodeaban.
35 Tampoco mostraron lealtad alguna con la familia de Jerobaal (es decir, Gedeón), a pesar de todo el bien que él había hecho por Israel.
Jueces 8:33-35 NTV

El versículo 33 nos dice que en cuanto murió Gedeón, en el mundo espiritual se activaron las maldiciones que tuvieron que ser presentadas por el acusador delante de Dios pero que no podían ser efectivas hasta la muerte de Gedeón.

Recordemos que un testamento no puede ser valido sino hasta que la persona que lo hizo muere, entonces no sería un testamento si se quisiera hacer efectivo en vida. Esta es la consecuencia de hacer cosas en nuestra carne, pensamientos o sentimientos sin permitir la guía del Espíritu Santo. Gedeón dejó un legado a sus hijos y a su pueblo el cual estaba próximo a hacerse efectivo, solo por su deseo de alcanzar un sueño que tal vez desde niño quizo tener al ver aquellos sacerdotes con esas vestiduras especiales. Las consecuencias fueron muy devastadoras. En lo personal no creo que Gedeón haya hecho esto con una mala intención, tampoco con el propósito de hacer que su pueblo adorara el

Efod, tampoco maldecir a sus hijos y atarlos a un decreto de muerte se activaría una vez que Gedeón muriera.

Si regresamos un poco antes de que Gedeón fuese llamado había un decreto de muerte sobre el pueblo de Israel, algo tuvo que activar esos derechos. Satanás no podría obrar por su propia cuenta, ya que esta consciente que no se puede regir a su voluntad, necesita permisos. Observa lo siguiente:

Los israelitas hicieron lo malo a los ojos del Señor. Entonces el Señor los entregó a los madianitas durante siete años.
Jueces 6:1 NTV

Dios por más que quisiera protegerlos no podía, tenía que respetar esas leyes espirituales establecidas por Él mismo.

Ahora veamos lo que activó los derechos de destrucción y muerte una vez que Gedeón actuó bajo sus impulsos humanos:

Entonces Gedeón hizo un efod sagrado con el oro y lo puso en Ofra, su pueblo natal. Pero pronto todos los israelitas se prostituyeron al rendir culto a ese efod, el cual se convirtió en una trampa para Gedeón y su familia.
Jueces 8:27 NTV

Primero vemos que el Efod se convirtió en un Idolo al cual los Israelitas empezaron adorar.

Segundo, los Israelitas ahora no solo tomaron como Idolo el Efod sino que un pecado los llevó a otro, empezaron a adorar la imagen de Baal y lo hicieron su dios, desplazando con esto al Dios que les dió la victoria a través de Gedeón.

Dios jamás:

* Le dio una instrucción a Gedeón de hacer un Efod.
* Llamó a Gedeón de la tribu de los levitas y sacerdotes de su pueblo.
* Llamó a Gedeón como sacerdote.

El Efod fue la trampa que satanás usó para poner en marcha su plan para destruir el nombre de Gedeón y de sus hijos.

Entonces Gedeón hizo un efod sagrado con el oro y lo puso en Ofra, su pueblo natal. Pero pronto todos los israelitas se prostituyeron al rendir culto a ese efod, **el cual se convirtió en una trampa** para Gedeón y su familia.

Jueces 8:27 NTV

Este es el error que aun se continua realizando en aquellos que son llamados. Dios los esta usando de una manera hermosa, pero ahora ellos piensan que pueden realizar otras cosas para las cuales no fueron llamados incluso tomar decisiones sin la guía, dirección y aprobación de Dios.

Gedeón comienza a tomar decisiones equivocadas, abrió puertas al enemigo y le facilitó el terreno, ahora la batalla no estaba en un campo de guerra, la batalla más importante se encontraba en el corazón de este hombre al cual Dios había bendecido. Dios había quitado por completo toda maldición que pesaba sobre Gedeón y su descendencia, le había dado la orden de derribar el altar que su padre había hecho el cual lo tenía ligado, atado y con maldiciones que necesitaban quitarse.

Esa noche el Señor le dijo a Gedeón: «Toma el segundo toro del rebaño de tu padre, el que tiene siete años. Derriba el altar que tu padre levantó a Baal y corta el poste dedicado a la diosa Asera que está junto al altar.

Jueces 6:25 NTV

Al no haber nada que lo ligará con su pasado, Dios pudo cumplir su promesa que le dio, la Escritura dice claramente que nadie podrá hacernos frente, porque el Señor va delante de nosotros como poderoso Gigante. Esto lo hace siempre que no tengamos ninguna ligadura o conexión con el pecado que pueda impedir el que vaya delante de nosotros.

Un Nombre que no trascendió en las siguientes generaciones.

En cuanto murió Gedeón, los israelitas se prostituyeron al rendir culto a las imágenes de Baal y al hacer a Baal-berit su dios.
Jueces 8:33 NTV

El haber hecho el Efod provocó que su decisión llevara al pueblo a revelarse en contra de Dios mismo olvidándose por completo de quién los había rescatado de la opresión de los madianitas en aquella batalla tan importante.

Se olvidaron del Señor su Dios, quien los había rescatado de todos los enemigos que los rodeaban.
Jueces 8:34 NTV

Por último le dieron la espalda a la memoria de ese hombre que fue usado por Dios para traerles paz y una victoria sobre sus enemigos, al hacer esto, no mostraron respeto hacia la familia de este hombre que fue llamado por Dios.

Tampoco mostraron lealtad alguna con la familia de Jerobaal (es decir, Gedeón), a pesar de todo el bien que él había hecho por Israel.

Jueces 8:35 NTV

Como podemos ver, Gedeón había sido usado de una manera sobrenatural, los cielos estaban abiertos a su favor y no había nada que pudiese interferir con el propósito de Dios en su vida. Desafortunadamente Gedeón nos muestra una cara diferente al momento de tomar decisiones fuera de la voluntad de Dios.

Cuando tuvo el encuentro con Dios, lo vemos poniéndole pruebas muy difíciles de realizar en el mundo natural, pero ahora después de una victoria aplastante en contra de sus enemigos, la batalla mas importante de su vida estaba por empezar.

Puedo imaginar a Gedeón viéndose a sí mismo, sabemos que Gedeón había nacido con un propósito a cumplir, jamás pensó en la importante victoria que Dios le daría con el hecho de creer. Ahora tenía en claro todo. Después de la victoria dejó de consultar a Dios mientras el pueblo le estaba haciendo la propuesta de que los gobernara es decir que fuera su Rey. Podemos suponer que en ese momento eufórico por la victoria, con una herida del pasado de humillación, recibe una muestra de reconocimiento , esto le bastó para cometer uno de los errores de los que hasta hoy la Biblia registra. Por esa razón es importante que tu como creyente, cristiano, servidor, heraldo, vocero, atalaya, pastor, apóstol, profeta o querubín como te consideres expongas después de una victoria recuerdes de donde Dios te sacó y que observes tus manos y pies que ninguno de ellos tiene hoyos, porque el único digno de recibir toda gloria, honra y alabanza es Jesús.

Alabanza a Dios después de la victoria en la batalla. Salmo 21.
Satanás estaba consciente que no lo podía atacar fácilmente, recordemos que el Espíritu Santo vino sobre él con poder, y lo vistió con autoridad. Así que el único recurso que tendría a su favor sería el engaño. Satanás conoce perfectamente tus debilidades y áreas de oportunidad en donde constantemente se le facilita atacarte, ya que tiene un registro claro de tu vida, para cuando considere apropiado presentarse delante de Dios con los argumentos para que no se te otorgue lo que pides en oración además de todas aquellas promesas que fueron entregadas un día en tus manos y que están en proceso de revelarse en el mundo natural.

Gedeón creyó que merecía recompensa por la victoria lograda. Recordemos que las Escrituras nos dicen que engañoso es el corazón y perverso, al no direccionar la honra del pueblo a Dios, siendo permisivo al recibir el pago por la victoria.

Si sabemos que toda buena dádiva proviene de Dios, también reconocemos que lo sucedido es una trampa que él enemigo puede aprovechar para desviarnos del propósito, traer vida a esta tierra, sanar al enfermo, sacar de la cárcel aquellos que están en prisiones de oscuridad y manifestar que el reino de los cielos es real. Dios se encargará de dar el pago conforme a Él le plazca hacerlo, pero ningún ungido o ungida debe atreverse a pedir un arete del botín de los enemigos derrotados. Aleluyaaaa!!!

24 Sin embargo, tengo una petición que hacerles: que cada uno de ustedes me dé un arete del botín que recogieron de sus enemigos caídos. (Como los enemigos eran ismaelitas, todos usaban aretes de oro).

25 —¡Con todo gusto! —le contestaron. Así que extendieron un manto, y cada uno de ellos echó un arete de oro que había recogido del botín.

26 Todos los aretes de oro pesaron unos diecinueve kilos, sin contar los ornamentos reales ni los pendientes ni la ropa de púrpura usada por los reyes de Madián, ni las cadenas que sus camellos llevaban en el cuello.

Jueces 8:24-26 NTV

Un Error lleva a otro Error

Racionalmente al meditar en los capítulos que nos hablan sobre este hombre poderoso en su tiempo, al cometer un error, lo llevó a otro.

¿Cómo es esto posible?

Las Escrituras nos manifiestan que Gedeón con sus acciones perdió el piso, no pudo con la fama, hizo aquellas cosas que estaban en su corazón y nunca imaginó tener tanto. El hecho de haber tenido un encuentro sobrenatural con Dios, no le garantizaba que aun en sus decisiones Dios estaría aprobando todo. Porque digo esto, bueno veamos lo siguiente:

29 Luego Gedeón, hijo de Joás, volvió a su casa.
30 Le nacieron setenta hijos varones, porque tuvo muchas esposas.
31 Además tuvo una concubina en Siquem que le dió un hijo, a quien él llamó Abimelec.
Jueces 8:29-31 NTV

En la mentalidad de Gedeón como hombre polígamo naturalizaba unirse a una de sus esclavas que no fue capaz de resistir, con quien tuvo un hijo. En ese tiempo los esclavos no eran judíos, de acuerdo a quienes los estaban oprimiendo eran madianitas, el pueblo que Dios permitió que los atacaran y que ahora estaba dentro de su casa en una forma inofensiva, en donde no usaba armas para la batalla. Pero qué lo llevaría a arriesgar su legado llevándolo a que el pueblo olvidará por completo su nombre.

¿Cuál es el precio a pagar por 5 minutos de libertad o de placer?

¿Qué está en riesgo si damos rienda suelta a lo que creemos que es bueno?

¿Qué significa el nombre que le puso Gedeón al hijo de la concubina o esclava?

Abimelec "mi padre es rey", "hijo de un rey"

Lo que sería sinónimo de "príncipe" o "rey" por lo que sé pudiera pensar que fuera más un título que un nombre personal.

Me llama la atención que este nombre lo usaron los filisteos para nombrar algunos de sus reyes, por lo cual no sería nada raro que fuera usado como un nombre oficial tal cual se uso en Egipto a los reyes que se les decía Faraón. O en el caso de los romanos, Cesars.

El plan Activo de Destrucción en marcha

Abimelec hijo de Gedeón tenía un sueño, reinar en Israel y ser reconocido por todos, provenía de una unión ilegal porque su madre era una esclava además de no ser judía. Por si fuese poco sus hermanos le antecedían y cualquiera de ellos podría reinar si así lo hubiesen querido, pero Gedeón había sido muy claro en su decisión.

Pero Gedeón respondió: —Yo no los gobernaré ni tampoco mi hijo. ¡El Señor los gobernará!
Jueces 8:23 NTV

Abimelec por alguna razón tenía el deseo de reinar sobre Israel, sabía que no tenía oportunidad y puso un plan en marcha aun en contra de la voluntad de su padre. Si nos ponemos a pensar un poco al respecto, aunque la Biblia no menciona el como fue creado este joven, su madre era esclava, para que Gedeón pudiera unirse a ella, tuvo que ser una mujer muy hermosa, fue el arma que el enemigo usaría para alimentar el corazón del hijo que más tarde satanás usaría para tratar de destruir todo lo que llevaba el nombre de Gedeón. Dios había advertido a su pueblo a no unirse con los pueblos conquistados, a no tener relaciones ni casarse ni dar a sus hijos en matrimonio, porque ellos podrían provocar su caída y Gedeón no fue la excepción.

2 Cuando el Señor tu Dios las entregue en tus manos y las conquistes, debes destruirlas por completo. No hagas tratados con ellas ni les tengas compasión.
3 No te unas en matrimonio con su gente. No permitas que tus hijas ni tus hijos se casen con los hijos o las hijas de esas naciones,

4 porque ellos harán que tus hijos y tus hijas se aparten de mí para rendir culto a otros dioses. Entonces el enojo del Señor arderá contra ti, y pronto te destruirá.

5 Lo que tienes que hacer es destruir sus altares paganos, hacer pedazos sus columnas sagradas, derribar sus postes dedicados a la diosa Asera y quemar sus ídolos.

6 Pues tú eres un pueblo santo porque perteneces al Señor tu Dios. De todos los pueblos de la tierra, el Señor tu Dios te eligió a ti para que seas su tesoro especial.

Deuteronomio 7:2-6 NTV

Si hacemos un poco de memoria, Abraham había cedido a la propuesta de Sara su esposa de tomar a Agar su esclava como mujer para que le dieran un hijo, nace Ismael quien se convertiría en esa espina en su talón y que hasta ahora continua haciéndoles tanto daño, pues de él surgen los musulmanes quienes odian a muerte al pueblo de Dios y su anhelo es desaparecerlos por completo.

¿Qué sucedió cuando Gedeón murió?

Abimelec se dió prisa para adular a los ancianos de su pueblo para que lo reconocieran como el rey que debían tener. Como era hijo de Gedeón portaba también con derechos aunque no directos pero los tenía con el simple hecho de ser un hijo de su sangre independientemente de su concepción. Las Escrituras describen que Abimelec usó el engaño para persuadir con palabras convincentes a los ancianos de su pueblo.

2 «Pregúntenles a los ciudadanos prominentes de Siquem si prefieren ser gobernados por los setenta hijos de Gedeón o por un solo hombre. ¡Y recuerden que soy de la misma sangre que ustedes!».
3 Entonces los tíos de Abimelec transmitieron ese mensaje a los ciudadanos de Siquem. Y después de escuchar la propuesta, el pueblo de Siquem decidió por Abimelec, porque era pariente de ellos.
Jueces 9:2-3 NTV

Un Plan perfecto puesto en Marcha

Una vez reconocido Abimelec como rey, comenzó a tomar decisiones determinantes para evitar que su reinado le fuese quitado. Tenía que quitar de por medio a todo sucesor de su padre para que ninguno se atreviera a reclamar sus derechos que por línea legal le correspondían.

Le dieron setenta monedas de plata del templo de Baal-berit, las cuales él usó para contratar a unos hombres alborotadores e imprudentes que aceptaron seguirlo.
Jueces 9:4 NTV

Abimelec activó en el mundo espiritual derechos legales:

* Al recibir las 70 monedas de plata, como precio de cada hijo de Gedeón.

* Con cada moneda Abimelec contrató alborotadores, es decir gente que difama, miente y engaña para hacer creer algo que no es cierto y llevar así a juicio a una persona aun cuando esta sea inocente de todo aquello que se le acuse.

El plan era perfecto, todo estaba a favor de Abimelec, solo faltaba eliminar los setenta problemas que estaban frente a él (sus hermanos).

Fue a la casa de su padre en Ofra y allí, sobre una misma piedra, mató a sus setenta medios hermanos, los hijos de Gedeón. Pero Jotam, el hermano menor, escapó y se escondió.
Jueces 9:5 NTV

Si lees con cuidado, aquí se encuentra un código escondido. **"Sobre una misma Piedra"**, mató a sus setenta medios hermanos.

¿Qué quiere decirnos Dios aquí? ¿Será casualidad que se mencione esto?

Abimelec da muerte a sus medios hermanos:

- Sobre una misma promesa.
- Sobre una misma bendición.
- La Piedra representa a Cristo.
- Abimelec quería dejar en claro que pasaba por encima de Dios.

Aquella victoria tan grande que Dios le dió a este hombre ahora no podía celebrarse, el enemigo quería eliminar por completo todas las promesas, pero Dios protegió en medio de aquella situación al más pequeño de sus hijos, "Jotam".

Pero Jotam, el hermano menor, escapó y se escondió.

Jueces 9:5b

¿Qué significado tiene el nombre de "Jotam"?

Proviene de una palabra hebrea Yotham que significa: **"Jehová es perfecto"**

Así que a pesar de tantas equivocaciones de Gedeón, Dios quién es perfecto, mantendría sus promesas vigentes a pesar de los ataques del diablo.

De los hijos de Gedeón que fueron perseguidos para matarles al único que se le menciona por nombre es a **Jotam**, este huye y se esconde pero antes de hacerlo desde un lugar seguro les grita a sus perseguidores para hacerles ver que estaban actuando mal.

16 Jotam continuó: «Ahora asegúrense de haber actuado honorablemente y de buena fe al elegir como rey a Abimelec, y de haberse portado bien con Gedeón y todos sus descendientes. ¿Lo trataron con la honra que se merece por todo lo que realizó?
17 Pues él luchó por ustedes y arriesgó su vida cuando los rescató de los madianitas.
18 Pero hoy ustedes se rebelaron contra mi padre y sus descendientes al matar a sus setenta hijos sobre una misma piedra. Y escogieron a Abimelec, hijo de su esclava, para que sea rey de ustedes, solo porque es su pariente.
19 »Si hoy han actuado honorablemente y de buena fe hacia Gedeón y sus descendientes, entonces que tengan alegría con Abimelec y que él tenga alegría con ustedes.
20 Pero si no han actuado de buena fe, ¡que salga fuego de Abimelec y consuma a los ciudadanos prominentes de Siquem y de Bet-milo, y que salga fuego de los ciudadanos de Siquem y de Bet-milo y consuma a Abimelec!».

Jueces 9:16-20 NTV

Jotam expone el pecado que estaban cometiendo:

A) Actuaron en desorden sin la dirección de Dios.

B) No honraron ni mostraron respeto a la memoria de aquel hombre que Dios usó para darles la victoria en contra de aquellos enemigos que los tenían oprimidos por 7 años.
C) Expone el pecado de los que se unieron a Abimelec y les lanza una advertencia de las consecuencias que vendrían a causa de ellos.

Jotam era hijo legitimo de Gedeón, así que sus palabras serían tomadas en cuenta en el mundo espiritual y se activarían en el mundo físico llegado el momento.

Pero si no han actuado de buena fe, ¡que salga fuego de Abimelec y consuma a los ciudadanos prominentes de Siquem y de Bet-milo, y que salga fuego de los ciudadanos de Siquem y de Bet-milo y consuma a Abimelec!».

Jueces 9:20 NTV

Dios da una promesa a todos aquellos que le sirven con integridad y que no se desvían ni a derecha ni a izquierda y se mantienen íntegros a pesar de lo que esten viviendo.

Pero en aquel día venidero, ningún arma que te ataque triunfará. Silenciarás cuanta voz se levante para acusarte. Estos beneficios los disfrutan los siervos del Señor ; yo seré quien los reivindique. ¡Yo, el Señor , he hablado!'

Isaías 54:17 NTV

Las Palabras de Jotam no caerían a tierra, se cumplirían al pie de la letra, Abimelec sería quitado y su memoria eliminada por completo. Aquellos que lo siguieron de ellos no se diría absolutamente nada.

De esa forma, Dios castigó a Abimelec por el mal que había hecho contra su padre al matar a sus setenta hermanos. Dios también castigó a los hombres de Siquem por toda su maldad. Así se cumplió la maldición de Jotam, hijo de Gedeón. Cuando los hombres de Abimelec lo vieron muerto, se desbandaron y regresaron a sus casas.
Jueces 9:55-57 NTV

Tal vez esta parte de la historia de Gedeón no la habías visto, siempre nos han predicado de la poderosa victoria obtenida en contra de sus enemigos los madianitas, pero cuando se enfrentó cara a cara con él mismo. Permitió los derechos legales al enemigo quien estuvo a punto de eliminar por completo su dinastía, de no ser por aquel hijo a quien Dios cuidaría que portaba el nombre "Dios es perfecto".

Dios nos ha llamado para traer buenas noticias a los que están quebrantados, oprimidos, en cárceles de oscuridad. Nos ha dado poder para deshacer toda obra satánica, el hecho de que fluyamos en esa unción, no nos da derecho de tomar acciones por nuestra propia cuenta.

Los impulsos, emociones y sentimientos de Gedeón lo llevaron a poner en riesgo sus promesas y las de sus hijos. Sus acciones sin la guía de Dios provocó que un error lo llevará a otro, satanás se aprovecharía de esto y haría todo lo posible por desaparecer por completo el nombre de Gedeón y el de su descendencia. Dios en su misericordia dejó a Jotam "Dios es perfecto", el hijo más pequeño y a través de él, las promesas dadas a Gedeón continuaron vigentes.

Capítulo 4
CUANDO LLEGA LA NOCHE
CUANDO LAS TINIEBLAS TIENEN ACCESO A NUESTRAS VIDAS

"Porque todo aquel que hace lo malo, aborrece la luz y no viene a la luz, para que sus obras no sean reprendidas"
Juan 3:19 RV 1960

Dios me ministraba hablando a mi corazón, revelándome que la mayoría de los ataques que el enemigo hace sobre las personas es por la noche. He meditado mucho al respecto, y creo que cuando llegan esos ataques de ansiedad, soledad, tristeza o cuando las personas se encuentran vulnerables a la inmoralidad, fornicación, adulterio o bien alguna enfermedad, todo acontece por la noche.

¿Qué tiene de especial la oscuridad de la noche? ¿Por qué en determinada hora el mundo de las tinieblas cobra más fuerza?

La gran mayoría de los que se dedican a la brujería realizan sus hechizos a mitad de la noche, otros a las tres de la mañana. ¿Por qué razón? Los espíritus usan la oscuridad para poder desplazarse, además en estos horarios existen portales que se abren para bien o para mal.

Hace unos años, mi amada esposa salió de viaje y me quedé con mis hijos en casa. Una noche escuche que tocaban a mi puerta, era mi hija que llegó con temor a mi cuarto diciéndome que si podía quedarse conmigo. Me llamó la atención porque mi hija desde que nació siempre estaba en su cuarto sola y podía dormir tranquila sin problema alguno. Le pregunte qué era lo que estaba sucediendo y entonces me dijo que tenía miedo porque sintió que algo entró a su recamara. La dejé en mi habitación y me dirigí a revisar lo que estaba pasando, encendí la luz y al abrir la puerta en la pared del lado izquierdo había un animal muy extraño, comprendí que era un nahuatl, entonces Dios me fortaleció y lo único que de mis labios salió fue una sonrisa, posteriormente con autoridad le dí la orden para que saliera de inmediato de la habitación de mi hija, el nahuatl se sujetó, obedeció y salió apresuradamente, cerré la ventana y le dí gracias a Dios por haber tomado el control.

Entendí que un brujo se había atrevido a entrar a mi hogar para quitar la paz que Dios ha provisto a mí familia por que le sirvo con todo mi corazón, tal vez esta persona creyó que se iba a encontrar con un cristiano común que regularmente tiene miedo a este tipo de situaciones, al ver mi postura y la autoridad con la que se le ordenó salir no hizo resistencia porque sabía que incluso podía morir allí mismo. Esto sucedió en la noche, la verdad no recuerdo la hora pero era tarde.

Dios nos demanda que caminemos en luz y que confiemos que Él estará con nosotros siempre, yo sabía que si permitía que el temor entrara en mi mente, el brujo tendría la autoridad a través de mi miedo y entonces podría atacarnos. Gran parte de mis luchas han sido por la noche, mi esposa incluso ha visto como me despierto guerreando, reprendiendo y hablando en lenguas. Esto es debido a que mi espíritu siempre esta alerta.

La Escritura nos recuerda que no debemos olvidar las maquinaciones de satanás.

Para que Satanás no se aproveche de nosotros. Pues ya conocemos sus maquinaciones malignas.
                                         2 Corintios 2:11 NTV

Es decir las estrategias que utiliza para tratar de derribarnos. Como este es un espíritu no duerme y aun cuando estamos descansando estará enviando flechas a nuestra mente para provocar deseos, anhelos, sueños, temores, construir fantasías abriendo puertas a la inmoralidad y si permitimos que esto entre a través de nuestros sentidos, entonces esos espíritus podrán tener acceso a nuestras emociones y posteriormente a nuestros sentimientos.

Varias ocasiones he tenido esas luchas espirituales que me despiertan de manera violenta. En una ocasión el enemigo me susurró en el oído izquierdo un gruñido mientras tomaba una siesta un día por la tarde, fue tan real eso que escuche que cuando sucedió, mi espíritu estaba alerta e inmediatamente aun dormido empecé a hablar en lenguas reprendiendo, fue tan real que desperté con las lenguas espirituales que hablaba en mis sueños. Amado mío, mientras dormimos el cuerpo siempre queda en un estado de reposo, mientras que el espíritu está alerta 24/7 (día y noche). Las Escrituras nos exhortan a estar alertas siempre, no podemos dar tregua por ninguna razón y más cuando Dios empieza a usar nuestras vidas de manera especial siendo de bendición para muchos.

Por tanto, tomad la armadura completa de Dios, para que podáis resistir en el día malo y, habiendo hecho todo, estar firmes.

Efesios 6:13 BTX

El enemigo jamás llegará con cosas buenas a tu vida, su propósito principal es lograr derribarte, el te quiere aplastar sin misericordia para hacer de ti un trofeo que pueda exhibir delante de Dios cuando te este acusando. Es por eso que muchos cristianos hoy en día están siendo atacados terriblemente y no saben cómo defenderse cuando las respuestas se encuentran en las Santas Escrituras.

Ningún arma forjada contra ti prosperará, Y condenarás a toda lengua que se levante en juicio contra ti. Esta es la herencia de los siervos de YHVH, Y su victoria de parte mía, dice YHVH.

Isaías 54:17 BTX

Dios anhela usar a su iglesia para marcar la diferencia entre aquellos que viven una vida desordenada. Es por eso que nos demanda santidad, fidelidad y Fe. Estos tres elementos tan importantes son clave para vencer aun en medio de la más densa oscuridad.

Cuando un cristiano vive en perfecta comunión con aquel que lo llamó, nunca entiéndelo bien, nunca permite que ninguna sombra lo cobije no lo atemoriza porque él esta consciente que la sombra que esta sobre el o ella es la del Altísimo. La clave para que todo cristiano se más que vencedor es como ya lo he dicho en mis anteriores libros, Confianza Plena, Identidad y Dependencia Total del Espíritu Santo.

Cuando los niños son pequeños, ellos se encuentran más susceptibles al mundo espiritual por la razón que su corazón es puro, ellos pueden percibir en sus sentidos tanto lo bueno como lo malo e incluso llegan a tener experiencias sobrenaturales increíbles que muchos adultos tal vez nos gustaría experimentar. Los niños son atacados ¿en qué tiempo crees? Por supuesto, en la noche. Ellos perciben claramente e incluso te pueden describir todo tal cual se está manifestando. Por esa razón todo aquel que camina en Cristo, el enemigo tratará de traer todas las cosas del pasado y atacará de noche.

Una verdad espiritual es que Satanás no puede tomar autoridad sobre tu vida ni tus posesiones si no le autorizas. El Apóstol Santiago nos revela que todas aquellas batallas que perdemos son debido a que decidimos aceptar los ofrecimientos que satanás nos hace.

1 ¿Qué es lo que causa las disputas y las peleas entre ustedes? ¿Acaso no surgen de los malos deseos que combaten en su interior?
2 Desean lo que no tienen, entonces traman y hasta matan para conseguirlo. Envidian lo que otros tienen, pero no pueden obtenerlo, por eso luchan y les hacen la guerra para quitárselo. Sin embargo, no tienen lo que desean porque no se lo piden a Dios.
3 Aun cuando se lo piden, tampoco lo reciben porque lo piden con malas intenciones: desean solamente lo que les dará placer.

Santiago 4:1-3 NTV

Satanás jamás te va a ofrecer cosas que tu no anheles, jamás te va a facilitar las cosas que te desagradan. Es un espíritu que tiene sus escuadrones bien ordenados, todos conocen su asignación y caminan en la visión de su señor. Su plan será venir a robar, matar y destruir pero para poder hacerlo necesitarán poner guardia día y noche en aquellos que han rendido su corazón a Dios.

Los ataques feroces y sin misericordia serán siempre, estes en tus primeros días de conversión o te encuentres con un ministerio o liderazgo establecido porque satanás intentará robar la Palabra, las promesas, infundirá dudas en algún milagro, sanidad o liberación o incluso en tu llamado y asignación que Dios te haya entregado. Traerá sentimientos de culpa, falta de perdón, pondrá a la familia en contra, usará a nuestro ser amado que ha caminado a nuestro lado desde el momento en que aceptamos unirnos a él o ella. Intentará usar todas las áreas para que rápido nos decepcionemos, incluso de nosotros mismos y nos sintamos inmundos, que no merecemos el perdón y la gracia de Dios.

En el año 2020 con la llegada de la pandemia, el Espíritu Santo me había ministrado profundamente acerca de la realidad que estaba sucediendo. Prediqué, exhorté y animé a la iglesia tomando como estandarte la Escritura que establece "los ojos de Dios recorren la tierra de día y de noche" para no ceder poder al espíritu de muerte que había sido desatado sobre la tierra.

Un Domingo por la noche, mientras me encontraba descansando alrededor de las doce de la noche fui atacado por ese espíritu de muerte, mi respiración se estaba cortando, tenía dificultad para respirar, nadie se dió cuenta de lo que me estaba pasando, recordé todo lo que el Señor me había revelado y dije las siguientes palabras: "Señor, he predicado tu Palabra, he advertido a tu pueblo acerca de lo que esta sucediendo, me has dicho que esto es espiritual y que nos has dado autoridad como iglesia para poder enviar al mismo infierno todo espíritu de enfermedad" —Rechazo todo ataque del enemigo en este momento, lo inactivo, declaro inoperante todo dardo y ahora lo quemo en el poderoso nombre de Jesús, le ordeno a ese espíritu inmundo suelta mis vías respiratorias, mis pulmones, riñones y cualquier área de afectación que pretenda atacar ahora, en este momento le quito todo poder, lo despojo de toda armadura y armamento en el Nombre que es sobre todo nombre lo sujeto, lo ato con cadenas de fuego, y lo lanzo ahora mismo al fondo del abismo, ahora, en el poderoso nombre de Jesús de Nazareth —

Tal vez no me creas y te entiendo pero lo que puedo asegurarte es que de manera instantánea, ese espíritu me soltó, mi respiración volvió a la normalidad y ninguna afectación hubo en mi cuerpo. Le doy toda la Gloria a mi Señor quien me mostró como vencer el espíritu de muerte.

Sabiendo que la oración tiene poder, acaba de leer la oración que un servidor realizó en ese momento de ataque, tu puedes usarla y modificarla de acuerdo a la circunstancia que estes enfrentando.

Jesús nos enseña que Él se apartaba a orar en la noche, e incluso terminaba a horas de la madrugada porque sabía que su ministerio requería de una lucha constante, necesitaba estar conectado con el Padre para que el Espíritu Santo le guiará durante todo un día de arduo trabajo. Nuestro Señor se despojó de todo, para poder pelear por cada uno de nosotros.

5 Tengan la misma actitud que tuvo Cristo Jesús.
6 Aunque era Dios, no consideró que el ser igual a Dios fuera algo a lo cual aferrarse.
7 En cambio, renunció a sus privilegios divinos; adoptó la humilde posición de un esclavo y nació como un ser humano. Cuando apareció en forma de hombre

8 se humilló a sí mismo en obediencia a Dios y murió en una cruz como morían los criminales.

Filipenses 2:5-8 NTV

Es complicado si crees que vas a ganar todas las batallas que enfrentes en la vida. No todas se ganan, hay algunas en las que perdemos no porque Dios no nos dé la victoria, sino porque nos vemos afectados por nuestras decisiones que dañan el rumbo de la victoria que Dios pretende darnos.

Honestamente la autoridad que se nos ha confiado es capaz de hacer retroceder el mismo infierno, desafortunadamente nos confiamos y permitimos que el enemigo ataque nuestros sentidos trayendo confusión para no permitirnos ver en claro que es más grande el que esta con nosotros que ese vil y mentiroso diablo.

Durante el día se nos presentan ciertas circunstancias en las cuales estamos alimentando nuestra mente, dejamos un registro claro en nuestro subconsciente a tal grado que el enemigo tomará nota de todas aquellas cosas en las que nos vimos involucrados durante el día. Si no recurrimos a Jesús, entonces empezará su plan de destrucción y alejamiento de Dios, nos atrapará fácilmente llevándonos cautivos a regiones de cautividad, atrapados por nuestros impulsos y deseos perversos estaremos expuestos y propensos a todo ataque que sea lanzado sobre nuestras vidas y como es obvio traerá a nuestra memoria todos aquellos pensamientos de maldad que fueron almacenados en nuestro corazón, provocando en nosotros una alto deseo de obtener cosas que a la luz de las Escrituras Dios no esta de acuerdo.

Pablo descubre que en su interior se encuentra escondido otro poder capaz de destruirlo si él le daba el derecho y lo alimentaba con lo que le pedía.

Pero hay otro poder dentro de mí que está en guerra con mi mente. Ese poder me esclaviza al pecado que todavía está dentro de mí.
Romanos 7:23 NTV

Algo tan sencillo como ver a una persona y desearla intensamente nos llevará a alimentar pensamientos de lujuria, fornicación o adulterio. Si estos pensamientos no se someten a Jesús y se llevan cautivos a la cruz para inactivar su poder, entonces se desatará una guerra entre nuestra carne y nuestro espíritu que anhela agradar a Dios.

18 Yo sé que en mí, es decir, en mi naturaleza pecaminosa no existe nada bueno. Quiero hacer lo que es correcto, pero no puedo.
19 Quiero hacer lo que es bueno, pero no lo hago. No quiero hacer lo que está mal, pero igual lo hago.

20 Ahora, si hago lo que no quiero hacer, realmente no soy yo el que hace lo que está mal, sino el pecado que vive en mí.
Romanos 7:18-20 NTV

Si no sometemos a Dios todo esto, nuestra carne buscará la manera de satisfacer todos sus deseos. Nuestra carne siempre es y será alimentada a través de nuestros sentidos abriendo legalidades a espíritus de lascivia, sensualidad, inmoralidad, perversión, fornicación, adulterio, odio, muerte, amargura, tristeza y dolor por mencionar algunos. Una gran cantidad de personas expresan sentirse con la necesidad de esconderse tras la culpa, tras el rechazo, la soledad y la tristeza aprovechando perfectamente esta condición los espíritus de suicidio, muerte, depresión, ansiedad y enfermedad los cuales atacarán sin misericordia llevándolos a tomar decisiones "fáciles", que sabemos que lo que traen realmente es sufrimiento para la víctima y quienes se encuentran en su entorno inmediato.

Dios nos confronta con nosotros mismos, las batallas más feroces lo vuelvo a repetir no son aquellas que atraviesas a través de los procesos o desiertos que Dios permite que pases. Cuando Dios te lleva allí es porque tiene un trato personal contigo. Pero la batalla más cruel y despiadada se encuentra dentro de tí, es por esa razón que escribo este libro con el tema Face to Face (Cara a Cara), porque Dios me lleva a exponerme ante un espejo en donde puedo decir en mi experiencia no solo como persona y como ministro: **Aquí nada es seguro, ¡Todo está en Riesgo!**

La lucha más grande esta dentro de cada persona, ese poder tiene la capacidad de dominar si se le autoriza.

Y que si te digo que este libro exhibe la realidad del ser humano con sus luchas personales poniendo de manifiesto el perfil oculto de la mujer y el hombre que en su voluntad su propósito es hacer lo correcto, pero en su debilidad hace lo que no quiere.

Todas aquellas afectaciones o consecuencias que se provocan cuando se camina en Cristo y aun se mantienen ocultas las debilidades profundas y con ataduras en la carne que no son otra cosas que dependencias y adicciones en las que no te atreves a tomar la firme decisión de confesarlas, renunciarlas y entregarlas a los pies de Jesús.

El enemigo no tiene ningún poder sobre ninguna persona, lo aclaro. Es por eso que siempre nos ofrecerá aquellas cosas que son atractivas y deleitosas a nuestros sentidos. Cuando abrimos puertas a causa del pecado y nuestros deseos no sometidos a Dios, entonces damos libertad y derecho legal a sátanas y sus huestes para permitir que espíritus incluso de muerte nos ataquen sin misericordia.

Muchos de los ataques que he tenido, los más fuertes han sido por la noche, me refiero al final del día pero también cuando estas en ese día oscuro donde no ves salida, me lleva a considerar seriamente la responsabilidad de decirte que necesitas mantener encendida la luz de Cristo en tu vida, solo su luz disipará toda tiniebla que trate de amenazarte.

El enemigo no tendrá acceso a nosotros si nos mantenemos con nuestro altar encendido, y honestamente esta es una lucha de todos los días. No olvides que el enemigo aprovechará toda oportunidad que se le brinde por más mínima que esta parezca pues su objetivo es evitar que el fuego del Espíritu Santo arda en nuestros corazones, tratará de alimentar nuestra carne con pensamientos y anhelos absurdos para llevarla a la rebeldía y con ello pecar contra Dios deteniendo nuestras promesas. Necesitamos poner un freno, somos responsables de que ese altar este encendido.

12 Y el fuego encendido sobre el altar no se apagará, sino que el sacerdote pondrá en él leña cada mañana, y acomodará el holocausto sobre él, y quemará sobre él las grosuras de los sacrificios de paz.

13 El fuego arderá continuamente en el altar; no se apagará.
Levítico 6:12-13 RV 1960

Cuando una persona arde en llamas, difícilmente el enemigo podrá atacarla, él esta consciente que solo puede aprovechar esos minutos de fragilidad o distracción en los que se le puede permitir el acceso en donde te aseguro podrá hacer mucho daño.

La Escritura nos dice que Dios nos ha dado uno de los frutos del Espíritu más importante "Dominio propio" así que si aun no lo tenemos debemos escondernos en el secreto con Dios para que su Espíritu Santo nos dote de esa herramienta tan necesaria en nuestras vidas que es capaz de darnos victorias aun en los terrenos más difíciles.

El Apóstol Pablo dice en su carta a los Romanos:

No permitan que el pecado controle la manera en que viven; no caigan ante los deseos pecaminosos.
Romanos 6:12 NTV

Por causa del pecado el hombre no puede tener amistad con Dios, el pecado separa, divide y expulsa de la presencia del Rey debido a que Él es tres veces Santo.

"No dejen que ninguna parte de su cuerpo se convierta en un instrumento del mal para servir al pecado"

Romanos 6:13a NTV

Que hacer cuando llega la Noche

Estos pasos no son necesariamente forzoso a seguir uno tras otro literal. Habrá algunos puntos en los cuales no tienes ningún problema pero será necesario reforzarlos.

A) Si Dios es tu Padre confía en que a Él le interesa lo que tienes que decir y esta dispuesto a escucharte.
B) Busca un lugar o espacio en donde te gustaría platicar con la privacidad como lo harías con tu mejor amigo.
C) Ahora invítalo a venir a ese lugar que preparaste.
D) Ahora dale la bienvenida y comparte el motivo de tu invitación.
E) Comienza adorándole y reconociendo su grandeza, poder y majestad.
F) Dispón tu corazón, pensamientos y sentimientos a su presencia, y en ese momento sentirás como viene a ese lugar que preparaste para estar contigo.
G) Permite al Espíritu Santo que te hable, sabrás que es Él.

H) Ahora descansa y entrega todo sin reservas será el momento oportuno para despojarte de todo aquello que te atormenta.

I) Tu Amigo nunca te juzgará al ver tu actitud y como estas delante de él, verás como el Cielo se abre a tu favor. Como dice aquella alabanza "Espíritu Santo mi Mejor Amigo, en cada momento tu estas conmigo, nada me falta si tu estas aquí"

8 Acérquense a Dios, y Dios se acercará a ustedes.
Santiago 4:8a NTV

Enciende el fuego de tu Altar y aunque sea de noche y haya oscuridad, la llama de tu corazón se mantendrá encendida.

Capítulo 5
VERDADES OCULTAS
EL MIEDO A SER DESCUBIERTOS

Por lo tanto, no dejen ustedes que el pecado siga dominando en su cuerpo mortal y que los siga obligando a obedecer los deseos del cuerpo.
No entreguen su cuerpo al pecado, como instrumento para hacer lo malo. Al contrario, entréguense a Dios, como personas que han muerto y han vuelto a vivir, y entréguenle su cuerpo como instrumento para hacer lo que es justo ante él.
Así el pecado ya no tendrá poder sobre ustedes, pues no están sujetos a la ley sino a la bondad de Dios.
Romanos 6:12-14 NTV

Qué difícil mantener secretos, sobretodo aquellos que nos avergüenzan y que ponen en riesgo tantas bendiciones que con muchos esfuerzos y sacrificios hemos alcanzado. Estar conscientes que en un instante podemos perderlo todo, es algo que incluso logra arrebatarnos la paz, seguridad y confianza e inclusive poner en riesgo nuestra propia salvación.

¿Cuál es tu cárcel y que es lo que te atormenta?

Sabido es que Jesús vino con el propósito de darnos completa libertad. Líderes, pastores, profetas, evangelistas, misioneros, apóstoles, en la actualidad son arrastrados por espíritus infernales que tienen como objetivo observar el descuido de todos aquellos que sirven a Dios para detener o frenar el avance y las promesas que han sido entregadas desde el cielo. Debemos estar conscientes que satanás no tiene nada con nosotros mientras estemos caminando correctamente de acuerdo a la guía del Espíritu Santo, Jesús lo dijo claramente:

No hablaré ya mucho con vosotros; porque viene el príncipe de este mundo, y él nada tiene en mí.
Juan 14:30 Rv 1960

Hubo un suceso en el pueblo de Israel ellos estaban pasando por una situación complicada. El rey Balac quería maldecir a como diera lugar al pueblo de Dios cuando iba camino a la tierra prometida y se le hizo fácil sobornar al profeta Balaam, le ofreció riquezas y honra con el único fin que declarara palabras de maldición, Dios se presentó en dos ocasiones con Balaam siendo muy claro de que lo único que debía hacer era bendecir. Cuando el profeta Balaam reconoció que no podía hacer nada, es porque verdaderamente satanás no tenía nada con que maldecir, el pueblo en ese momento estaba caminando en rectitud, en temor y obediencia, por lo que resultaba contradictorio a los planes de Balaam **quien tenía pensamientos de riqueza, comodidades y honra**. A manera de percepción personal, me imagino como Balaam estaba triste, agobiado porque Dios no le respondía a favor de sus deseos y anhelos, el enemigo aprovecho esta oportunidad para poder revelarle el plan perfecto para hacer caer al pueblo tan amado por Dios y sobre el cual se habían manifestado grandes y poderosas maravillas. Así inspiró a Balaam para que este desviara la atención del pueblo amado por Dios y llevarlo a fornicar e inclinarse ante Idolos abominables ante sus ojos.

15 Han dejado el camino recto, y se han extraviado siguiendo el camino de Balaam hijo de Beor, el cual amó el premio de la maldad,
16 y fue reprendido por su iniquidad; pues una muda bestia de carga, hablando con voz de hombre, refrenó la locura del profeta.
2 Pedro 2:15-16 RV 1960

En su carnalidad, Balaam a pesar de haber hablado directamente con Dios, le dio la estrategia perfecta a Balac para que se quitara la protección que blindaba a todo ese pueblo sacado con mano poderosa de Egipto. Solo se les dio lo que tanto deseaban en su corazón, Balaam no los hizo pecar, el ofrecimiento estuvo delante de ellos pero son ellos los que tomaron la decisión de tomar lo prohibido por Dios, satisficieron sus deseos y llevaron como consecuencia el pago de su desviación, por lo menos 24 mil hombres murieron a causa de este pecado. Podemos ver claramente la verdad oculta el pueblo adoraba sinceramente a Dios y esto le daba protección pero en su corazón guardaban anhelos de hacer lo malo.

Se les puso un cebo atractivo y cayeron fácilmente en la trampa ¿porque?

Su deseo y anhelo se vieron resueltos al darles la facilidad de alcanzarlo. El pueblo cayó en la trampa y el autor intelectual aparentemente no se descubrió, es más, las Escrituras no mencionan que el pueblo haya descubierto el complot que se planeo en contra de ellos. La causa raíz de todo el mal provocado tenía una verdad oculta, Balaam tal vez pensó que no seria descubierto, pero cual es la dimensión de su pecado que aún en el Nuevo Testamento se menciona como alguien no deseable, como una persona detestable por haber hecho caer a un pueblo tan amado.

Jesús dijo claramente:

1 Cierto día, Jesús dijo a sus discípulos: «Siempre habrá tentaciones para pecar, ¡pero qué aflicción le espera a la persona que provoca la tentación!

2 Sería mejor que se arrojara al mar con una piedra de molino alrededor del cuello que hacer que uno de estos pequeños caiga en pecado.
Lucas 17:1-2 NTV

Dios no pasó por alto la falta tan grave de Balaam de manera que aun permitió que lo que hizo fuese mostrado aun a estas generaciones como advertencia de los peligros que existen cuando nos dejamos arrastrar por nuestros anhelos y deseos de nuestra carnalidad.

Pero tengo unas pocas cosas contra ti: que tienes ahí a los que retienen la doctrina de Balaam, que enseñaba a Balac a poner tropiezo ante los hijos de Israel, a comer de cosas sacrificadas a los ídolos, y a cometer fornicación.
Apocalipsis 2:14 RV 1960

Números 24 muestra que Balaam era un profeta, un vocero de Dios. Andaba por el camino recto, pero se dejó seducir por las riquezas y el reconocimiento. Balaam traicionó a Dios y se desvío, porque "amaba el premio de la maldad". Empezó bien, pero tuvo un final horrible.

Amado mío, no solo es importante empezar a caminar bien en el Señor sino mantenernos hasta terminar nuestra carrera. El trágico final de este

hombre que un día hablaba con Dios fue terrible los israelitas lo mataron cuando llegaron a Madián.
También mataron a espada los hijos de Israel a Balaam el adivino, hijo de Beor, entre los demás que mataron.

Josué 13:22 RV 1960

En el registro de su muerte, ya no se le llama "profeta" sino "adivino". Empezó como profeta, un vocero de Dios pero terminó como adivino, un enemigo de Dios.

El enemigo tratara de seducirnos para atraparnos con cosas temporales que desaparecen al paso del tiempo, las cuales solo son vanidad tal cual lo expresó Salomón, que es la trampa perfecta para alejarnos de nuestro llamado y propósito.

¿Cuántas verdades ocultas habrá en el pueblo de Dios? Aquellos que están con la indecisión de caminar rectamente ¿estarán conscientes que Dios esta al tanto de cada una de sus decisiones?

Sátanas continua ofreciendo lo mismo de todo el tiempo, son simples trampas capaces de neutralizarnos para evitar nuestro avance.

y le dijo: Todo esto te daré, si postrado me adorares.

Mateo 4:9 RV 1960

Las Escrituras claramente nos señalan que de la abundancia del corazón habla la boca. Es por esa razón que muchos cristianos hoy en día tienen demasiados conflictos internos a causa de anhelos y deseos enfocados en riquezas, fama y reconocimiento. Otros por su parte, están con frustraciones al no satisfacer deseos carnales, fantasías reprimidas de inmoralidad sexual, bajas pasiones, sensualidad y tendencias de depravación que normalmente están impedidos hacer porque están conscientes que estas practicas están fuera de los estándares que Dios establece. Llegará el momento en que te sentirás solo y decepcionado si mantienes ese estilo de vida.

Dios no tiene ningún problema en bendecirnos, tampoco esta en contra de que disfrutemos de las relaciones sexuales, solo existe una gran diferencia entre disfrutar y satisfacer, porque el disfrutar habla de unidad, fraternidad e identidad a diferencia de cuando se satisface sé que coincides conmigo que una vez que haz conseguido tu objetivo aquello que querías, te encuentras vacío nuevamente, tienes que saber que el único que puede saciar tu sed o hambre es Jesús.

Además el conflicto para el ser humano es que tanto la fama, la riqueza y el reconocimiento le hacen un ser independiente de Dios y dependiente de todo aquello que le rodea.

La Escritura nos dice:

"principio de todos los males es el amor al dinero"
Dios nos demanda que quitemos de nuestras vidas el prepucio que esta en nuestro corazón, es decir todo aquello que no debe estar porque puede dañar tarde o temprano. Dios anhela que nuestro caminar sea sencillo y practico aferrados en cada una de sus promesas, con nuestra mirada fija en Él.

Oh Jerusalén, limpia tu corazón para que seas salvada. ¿Hasta cuándo guardarás tus malos pensamientos?
Jeremías 4:14 NTV

"El mejor de los guerreros nada tiene que ver con la guerra, ni de pelear con otros; su lucha debe ser interna, porque su peor enemigo es su propia mente".
Proverbio Chino

¿Y entonces quién puede jactarse de ser un verdadero Cristiano?

Existen verdades ocultas, muchos no imaginamos que delante nuestro se encuentra el preso con la necesidad de salir de la cárcel, el cautivo de ser liberado y recibir esa gracia y favor que tanto a tí como a mí nos fue entregada rompiendo aquellas cadenas que nos oprimían.

El Rey David es un claro ejemplo de una verdad oculta y de como una persona puede vivir con el miedo de ser descubierto. David quiso esconder su pecado sin importar el costo, su único deseo fue satisfacer sus fantasías que fueron desatadas cuando vio a Bethsabe bañándose.

David cometió varias faltas:

1. Prefirió quedarse a descansar en vez de ir a la guerra.
2. Demasiado descanso le permitió abrir su mente a cosas nuevas.
3. Deseo y obtuvo a una mujer que estaba prohibida para él.
4. Mandó que al esposo de Bethsabe lo pusieran al frente de batalla y que lo dejaran solo para que lo mataran y así poder quedarse con su esposa.
5. Trató de esconder su pecado olvidándose que Dios lleva un registro de todos y cada uno de nuestros actos. Aun de nuestros pensamientos.

¿Qué consecuencias hubo por haber hecho todo esto?

1. Dios le expuso la situación tan delicada descubriendo por medio del profeta Natan el pecado que había cometido.
2. Dios envía juicio sobre David y no permite que el hijo que se tuvo en pecado viviera.
3. El pecado de David dañó su autoridad como esposo, padre y rey, además de haberle faltado aquel que lo ungió y lo posicionó en el lugar especial que ocupaba.
4. Sus hijos se rebelarían en contra de él e incluso uno de ellos no solo mataría a uno de sus hermanos, este se volvería en contra de David para tratar de quitarle el trono.
5. Su reino estaría siempre en guerra a causa de su decisión.

¿Cuántas historias como esta conoces? Como la de David, Bethsabe, Urias.

Lo importante no es en sí cuántas personas conoces sino las consecuencias que ellos han vivido por ser participes de manera voluntaria o no en este tipo de situaciones. Quizás puedas familiarizarlo con la de un amigo, todos en nuestra vida hemos conocido a un David o una Bethsabe o a un Urias.

»Hoy te he dado a elegir entre la vida y la muerte, entre bendiciones y maldiciones. Ahora pongo al cielo y a la tierra como testigos de la decisión que

tomes. ¡Ay, si eligieras la vida, para que tú y tus descendientes puedan vivir!
Deuteronomio 30:19 NTV

Como Salir de la prisión de lo Oculto y recuperar mi libertad.

A) Reconocer que tengo una situación que me aparta de Dios y que solo no puedo.
B) Confesar a Dios con sinceridad mis faltas sin ocultar ni una de ellas.
C) Renunciar aquellos actos, deseos, ideaciones y omisiones que me hacen sentir sucio, vil, indigno y que no merezco el perdón de Dios y su presencia.
D) Busca una iglesia cristiana para congregarte con la finalidad de fortalecerte en el conocimiento de la Palabra de Dios que es la voluntad perfecta para tu vida.

Para libertad Dios saca de la oscuridad lo más vil y perverso que existe en el ser humano, cada vez que el Espíritu Santo se manifieste en nuestras vidas de manera poderosa, sacará a la luz todas aquellas cosas que necesita exponer y arrancar de nuestras vidas. Su Palabra nos examina hasta los huesos y discierne los pensamientos y las intenciones de nuestra alma. Nosotros nos engañamos a nosotros mismos si pensamos que nadie se dará cuenta de aquellas cosas que hemos hecho a escondidas. Un día estaremos delante del Señor y allí se abrirá nuestro libro, ese libro que contiene todo detalle de nuestra vida.

Si realmente vivimos una amistad con Dios, no tenemos nada de que preocuparnos, si verdaderamente Dios es nuestro capitán, no tenemos nada de que avergonzarnos. Nuestra vida reflejará a Cristo en cualquier etapa.

Capítulo 6
HIPNOSIS
CUANDO LAS TINIEBLAS TIENEN EL PODER DE PARALIZARNOS

En otro tiempo nosotros también éramos necios y desobedientes. Fuimos engañados y nos convertimos en esclavos de toda clase de pasiones y placeres.
Nuestra vida estaba llena de maldad y envidia, y nos odiábamos unos a otros.
Sin embargo, Cuando Dios nuestro Salvador dio a conocer su bondad y amor, él nos salvó, no por las acciones justas que nosotros habíamos hecho, sino por su misericordia.
Nos lavó, quitando nuestros pecados, y nos dio un nuevo nacimiento y vida nueva por medio del Espíritu Santo.
Tito 3:3-5 NTV

Honestamente cuando se me vino la idea de el nombre de este capítulo, fue en un momento en el que Dios estaba enviándome este mensaje como un chispazo. Muchos hoy están batallando con luchas internas en sus mentes y no pueden apagar esas voces. La verdad no es que no puedan, el problema principal es que en algún punto de sus vidas dejaron de tomar las armas de su milicia que son poderosas en Cristo Jesús, fueron seducidos y por consecuencia dieron paso a las tinieblas en sus vidas. Una gran parte de cristianos creen que no pueden ser afectados por espíritus que puedan atarlos o encadenarlos en prisiones de oscuridad. Se sienten seguros ante estos ataques creyendo que son intocables. El propósito y estrategia del enemigo será obstruir los planes de Dios para nuestras vidas. A titulo personal puedo asegurarte, que el enemigo estará al pendiente de ti principalmente en esos momentos de descuido espiritual, la cual aprovechará al máximo, tenlo por seguro.

Las Escrituras nos dicen claramente:

Así que, el que piensa estar firme, mire que no caiga.
1 Corintios 10:12 RV 1960

Satanás esta consciente que fuimos lavados con la preciosa Sangre de Jesús, que existe una protección especial en aquellos que recibimos la promesa la cual nos ha sido entregada en nuestras manos de manera que el enemigo no pueda tocarnos.

1 El que habita al abrigo del Altísimo Morará bajo la sombra del Omnipotente.
2 Diré yo a Jehová: Esperanza mía, y castillo mío; Mi Dios, en quien confiaré.
3 Él te librará del lazo del cazador, De la peste destructora.
4 Con sus plumas te cubrirá, Y debajo de sus alas estarás seguro; Escudo y adarga es su verdad.
5 No temerás el terror nocturno, Ni saeta que vuele de día,
6 Ni pestilencia que ande en oscuridad, Ni mortandad que en medio del día destruya.
7 Caerán a tu lado mil, Y diez mil a tu diestra; Mas a ti no llegará.

Salmo 91:1-7 RV 1960

Cristianos de hoy no han logrado dimensionar la protección Divina que existe alrededor de sus vidas no la valoran, toman la misma actitud de Sansón y menosprecian las promesas excediendo la confianza porque Dios esta con ellos. Crean su propio evangelio y lo adaptan de acuerdo a sus necesidades personales, hacen su propia religión e incluso se crean en sus mentes un dios que esta muy pero muy distante del Dios de la Biblia.

Increíblemente muchas veces ponen en riesgo su asignación a causa de tantas negligencias. Esto nos muestra cómo muchas veces desestiman el poder que satanás puede tener para atraparlos en algún momento de debilidad o rebeldía hasta hipnotizarlos. Es decir someter nuestra voluntad a la suya colocando lazos en nuestras manos, ataduras en los pies y vendas en los ojos, tanto en el plano natural así como en el espiritual.

El plan de Balac de maldecir a Israel fue frustrado cuando Dios ordenó a Balaam declarar bendiciones sobre Israel. Finalmente Balam pudo incitar al rey y darle la formula para atrapar a un pueblo sediento de diversión y placeres ¿Cuántas puertas de maldición se abrieron? ¿Hasta que grado llegó su maldad?, ¿Cuánto tiempo pudieron disfrutar de su pecado?

Tal vez pienses que esto sucedió con el pueblo amado por Dios, y que fue en el Antiguo Testamento durante el tiempo de Moisés. Pero la verdad, el enemigo probó y acertó en su ataque cegando el entendimiento, hipnotizándolos con sus propios deseos que los arrastraron a vivir momentos tormentosos cuando empezaron a ver cómo iban muriendo uno a uno. Su triunfo fue tan contundente que no solo avergonzó a todo israelita, sino que también la mano de Dios se volvió en contra de ellos. Creo que satanás estaba disfrutando su triunfo, no había nada que pudiera detener la mortandad que había iniciado por satisfacer deseos carnales y perversos de un pueblo que buscaba de continuo el mal.

Las Escrituras nos dicen:

13 Cuando sean tentados, acuérdense de no decir: «Dios me está tentando». Dios nunca es tentado a hacer el mal y jamás tienta a nadie.
14 La tentación viene de nuestros propios deseos, los cuales nos seducen y nos arrastran.
15 De esos deseos nacen los actos pecaminosos, y el pecado, cuando se deja crecer, da a luz la muerte.
16 Así que no se dejen engañar, mis amados hermanos.
Santiago 1:13-16 NTV

Así como se cura una gangrena o un cáncer, así debía ser curado el pueblo de Israel, extirpando lo que estaba enfermo para que no contaminaran al pueblo. Las Escrituras nos declaran que la paga del pecado es la muerte, por tal motivo, para que satanás pueda paralizarnos, lo único que necesitará es que pequemos. Esto abrirá portales inimaginables, maldiciones aun para nuestros hijos y sus generaciones futuras, estancamiento en nuestra vida espiritual y un bloqueo en nuestro llamado, asignación y propósito.

Amado si no permaneces en esa amistad constante con el Espíritu Santo y continuas fortaleciendo tu fe y si no estas dispuesto a renunciar día con día aquellas cosas que la carne anhela tanto, y que la Palabra de Dios nos dice que pueden hacernos daño, el final será complicado.

¿Qué es lo que puede llevarnos a vivir en el Hipnotismo?

A) La falta de reconocimiento de que solo no puedo y que necesito la ayuda de Dios.
B) La Rebeldía al querer hacer las cosas a mi manera.
C) La Incredulidad porque Dios quiere hacer el milagro o la sanidad pero no le permito.
D) La pasividad aislándome de las personas y actividades que me desafían a vivir en fe.
E) Victimizarme, todos están mal nadie me entiende.
F) Amistades que no tienen el interés en desarrollar una vida con propósito.
G) Participar en actividades que me roban la paz, lugares a los que asistes en donde se desarrollan prácticas que en tu necesidad no estas consciente

que pueden afectarte desde el consumo de alcohol, drogas, sexo, prácticas espirituales como: Yoga, ayahuasca, temaxcales entre otras, en donde se hacen rituales que establecen ataduras porque todas tienen como objetivo un despertar espiritual.

No existe arma más peligrosa que pueda derrumbarnos que aquellas que están escondidas en lo profundo de nuestro ser. Satanás no puede ni tiene el derecho de tocarnos, por esa razón lo único que hará es poner delante de nosotros todas aquellas cosas que a nuestra naturaleza caída le agradan.

La Carta a los Hebreos nos dice:

26 Queridos amigos, si seguimos pecando a propósito después de haber recibido el conocimiento de la verdad, ya no queda ningún sacrificio que cubra esos pecados.
27 Solo queda la terrible expectativa del juicio de Dios y el fuego violento que consumirá a sus enemigos.
28 Pues todo el que rehusaba obedecer la ley de Moisés era ejecutado sin compasión por el testimonio de dos o tres testigos.
29 Piensen, pues, cuánto mayor será el castigo para quienes han pisoteado al Hijo de Dios y han

considerado la sangre del pacto—la cual nos hizo santos—como si fuera algo vulgar e inmundo, y han insultado y despreciado al Espíritu Santo que nos trae la misericordia de Dios.

30 Pues conocemos al que dijo: «Yo tomaré venganza; yo les pagaré lo que se merecen». También dijo: «El Señor juzgará a su propio pueblo».

31 ¡Es algo aterrador caer en manos del Dios vivo!

Hebreos 10:26-31 RV 1960

Esto no es nada agradable, porque cuando la ira de Dios es sobre el ser humano, todas los planes que emprende son estorbados por nuestro adversario el diablo sin producir frutos, por supuesto el enemigo le lleva a la desesperación y lo pone en una condición de insatisfacción y le aparta de la presencia de Dios, le quita el gozo de disfrutar los momentos de adoración, oración y meditación en la Palabra de Dios.

Las Escrituras nos liberan de la ansiedad, depresión, baja autoestima, culpa, falta de fe, ideación suicida, exhortándonos a qué quitemos todo peso de nuestras vidas.

Por lo tanto, ya que estamos rodeados por una enorme multitud de testigos de la vida de fe,

quitémonos todo peso que nos impida correr, especialmente el pecado que tan fácilmente nos hace tropezar. Y corramos con perseverancia la carrera que Dios nos ha puesto por delante.
Hebreos 12:1 NTV

El enemigo jamás nos atacará con cosas que desconozca de nosotros. Recordemos que nos tiene estudiados, conoce nuestras debilidades, fallas y momentos en los que hemos incluso hasta renegado de la vida. Todo lo usará en el momento oportuno, primero para acusarnos delante de Dios, segundo para exigir un veredicto en la corte del Gran Juez para pedirnos como parte suya y tercero para traer caos y desesperación a nuestras vidas a tal grado de venir a robar matar y destruir. No habrá nada que le detenga porque el decreto que tendrá en nuestra contra estará firmado con nuestra autorización desde el momento en que le dimos la espalda a Dios.

Analiza un poco esto, las Escrituras nos dan la solución ante terrible situación, nos dice que la sangre de Cristo es capaz de romper con cualquier pacto establecido en la tierra, que Jesús se hizo maldito para cargar con nuestra maldad y que fue él mismo quien tomo el acta de decretos que estaba en contra nuestra clavándola en la cruz, pero para poder tener acceso a esa promesa y hacerla efectiva debemos renunciar a todo aquello que permitió que se activara todo derecho sobre nosotros.

1 Pero la serpiente era astuta, más que todos los animales del campo que Jehová Dios había hecho; la cual dijo a la mujer: ¿Conque Dios os ha dicho: No comáis de todo árbol del huerto?
2 Y la mujer respondió a la serpiente: Del fruto de los árboles del huerto podemos comer;
3 pero del fruto del árbol que está en medio del huerto dijo Dios: No comeréis de él, ni le tocaréis, para que no muráis.
4 Entonces la serpiente dijo a la mujer: No moriréis;
5 sino que sabe Dios que el día que comáis de él, serán abiertos vuestros ojos, y seréis como Dios, sabiendo el bien y el mal.

Génesis 3:1-5 RV 1960

Por alguna razón la serpiente usó la seducción porque su intención fue traer desgracia a la creación perfecta que Dios había realizado con sus manos. Eva tuvo que tomar una decisión importante, a pesar de la advertencia que Dios le había hecho a Adán, sin importar las consecuencias, Eva eligió comer de aquello que conscientemente sabia le había sido prohibido, minimizando la maldad de la serpiente.

El pecado es atractivo, seductor, complaciente, "hipnotizante", provoca la ausencia de Dios como resultado de nuestra rebeldía y desobediencia.

Como ser libre de la hipnosis espiritual

A) Evitar exponernos ante situaciones seductoras, atractivas y complacientes cuyo final es la muerte espiritual.
B) Busca ayuda en tu pastor o un líder espiritual que tenga la autoridad para romper con cualquier atadura.
C) Rodeate de personas que te edifiquen, que tengan autoridad espiritual, que te acompañen en tu nuevo caminar con Cristo.
D) Una vez que seas libre será tu responsabilidad mantener esa libertad.
E) Cuando sientas que ese vacío llega, acércate y refúgiate en Dios, Él lugar secreto es el mejor refugio en donde puedes renovar fuerzas.

Todo hombre o mujer de Dios que ha sido seducido manifestará a través de su vida los resultados de sus decisiones. Jesús nos proporcionó una victoria contundente sobre el pecado, rompió tus cadenas, pudrió yugos en tu vida. Cerremos toda puerta, quitemos todo derecho legal a este enemigo, y tengamos en claro que Dios nos llamó para cosas grandes y poderosas.

Así que, si el Hijo os liberta, seréis verdaderamente libres.

Juan 8:36 BTX

Capítulo 7
PECADOS OCULTOS
UNA PUERTA SILENCIOSA QUE PONDRÁ TODO EN RIESGO

"Pues todo lo secreto tarde o temprano se descubrirá, y todo lo oculto saldrá a la luz y se dará a conocer a todos"
Lucas 8:17 NTV

A tí ¿te gustaría que te dijeran tus verdades? a nadie le gusta que le digan sus verdades, que se le descubra de cosas malas o incorrectas en las cuales se encuentra involucrado pensando que jamás nadie se dará cuenta de ello. A causa de las luchas internas que tenemos y que no hemos sido honestos con nosotros mismos atrapándonos un temor de no acercarnos a Dios para depositarlas ante sus pies y así recibir ayuda entendamos que una situación lleva a la otra, y cuando se practican a escondidas o en lo oculto, vendrá un espíritu de mentira y engaño a seducirnos con el propósito encadenarnos para quedar atrapados en el juego sucio que se nos fue tendido.

¿Por qué somos seducidos a lo malo? ¿Por qué nos atrevemos a hacer cosas que estamos conscientes que están mal y aun así las practicamos?

El Apóstol Pablo nos habla con una claridad impresionante en la carta dirigida a la iglesia en Cristo que se encontraba en Roma diciendo lo siguiente:

28 Por pensar que era una tontería reconocer a Dios, él los abandonó a sus tontos razonamientos y dejó que hicieran cosas que jamás deberían hacerse.
29 Se llenaron de toda clase de perversiones, pecados, avaricia, odio, envidia, homicidios, peleas, engaños, conductas maliciosas y chismes.
30 Son traidores, insolentes, arrogantes, fanfarrones y gente que odia a Dios. Inventan nuevas formas de pecar y desobedecen a sus padres.
31 No quieren entrar en razón, no cumplen lo que prometen, son crueles y no tienen compasión.
32 Saben bien que la justicia de Dios exige que los que hacen esas cosas merecen morir; pero ellos igual las hacen. Peor aún, incitan a otros a que también las hagan.

Romanos 1:28-32 NTV

Hombres y mujeres de Dios se encuentran en serios problemas, hoy en día batallan con pecados ocultos aún estando conscientes de que están mal y que corren el riesgo de perderlo todo, los vemos predicando y son tan impactantes sus predicas o enseñanzas que nos inspiran a amar a Dios de una manera increíble, otros son usados en profecía revelándonos cosas maravillosas de Dios que solo puede revelárselos a ellos por el nivel de unción que Dios les ha entregado, lo cual los posiciona en una línea muy delgada con el peligro de ser seducidos por un espíritu de engaño el cual se desata para desarrollar una estrategia de destrucción no solo a sus vidas sino aquellos que depositaron su confianza también ellos. Otros son usados en milagros poderosos, sanidades increíbles y liberaciones.

¿Porque Dios los usa de esta manera? recordemos que los dones y el llamado es irrevocable, pero un día darán cuenta de cómo usaron lo que les fue entregado por gracia.

Tenemos una lucha en nuestro interior, la cual es necesario enfrentarla de frente.

13 No, amados hermanos, no lo he logrado, pero me concentro únicamente en esto: olvido el pasado y fijo la mirada en lo que tengo por delante, y así

14 avanzo hasta llegar al final de la carrera para recibir el premio celestial al cual Dios nos llama por medio de Cristo Jesús.

Filipenses 3:13-14 NTV

El Apóstol Pablo mismo luchaba con su propia carne, un día escribió lo siguiente:

18 Yo sé que en mí, es decir, en mi naturaleza pecaminosa no existe nada bueno. Quiero hacer lo que es correcto, pero no puedo.
19 Quiero hacer lo que es bueno, pero no lo hago. No quiero hacer lo que está mal, pero igual lo hago.
20 Ahora, si hago lo que no quiero hacer, realmente no soy yo el que hace lo que está mal, sino el pecado que vive en mí.
21 He descubierto el siguiente principio de vida: que cuando quiero hacer lo que es correcto, no puedo evitar hacer lo que está mal.
22 Amo la ley de Dios con todo mi corazón,
23 pero hay otro poder dentro de mí que está en guerra con mi mente. Ese poder me esclaviza al pecado que todavía está dentro de mí.
24 ¡Soy un pobre desgraciado! ¿Quién me libertará de esta vida dominada por el pecado y la muerte?

Romanos 7:18-24 NTV

Reconozco la humildad en las palabras expresadas por el apóstol Pablo, a él no le importa exponerse a sus hermanos en Cristo que están congregados en Roma, no le molestaba mostrar su fragilidad y decirles que al igual que ellos era tan humano como cualquier otra persona, con luchas personales, deseos incorrectos los cuales tenían que ser enfrentados de frente no guardando las apariencias ante la iglesia. Pablo mismo después de haber declarado que existía un mal dentro de su interior que muchas veces quería dominarlo para así restarle poder, autoridad y credibilidad delante de los hombres, nos revela aquellas cosas que nos atan aún y que solo nos impiden avanzar a causa de aquellas debilidades que una gran mayoría tememos ser descubiertos.

¡Gracias a Dios! La respuesta está en Jesucristo nuestro Señor. Así que ya ven: en mi mente de verdad quiero obedecer la ley de Dios, pero a causa de mi naturaleza pecaminosa, soy esclavo del pecado.
Romanos 7:25 NTV

¿Porqué somos seducidos entonces si fuimos lavados con la sangre preciosa del Cordero?

Pensamos que al llegar a Cristo nuestras luchas o batallas internas concluirán, como la frase muy conocida de los cuentos "y vivieron felices para siempre" esto no esta dentro de la realidad del verdadero cristiano. **Filipenses 1:6** nos describe algo importante:

"Y estoy seguro de que Dios, quien comenzó la buena obra en ustedes, la continuará hasta que quede completamente terminada el día que Cristo Jesús vuelva".

Ya había escrito al respecto en mis libros anteriores, pero me gustaría recordártelo, cuando nacemos de nuevo nuestro espíritu es el que nace de nuevo, haciendo que nuestra relación con Dios sea restablecida de inmediato, posteriormente viene el trato del Espíritu Santo con nuestra vieja naturaleza la cual será sometida y crucificada conforme le demos autorización a nuestro Señor para que limpie todas las áreas contaminadas de nuestro ser, que incluyen nuestras emociones, heridas del pasado, frustraciones presentes y la falta de amor aún hacia nosotros mismos.

Satanás se verá desafiado a tratar de regresarnos a las regiones de cautividad en donde nos tenía presos, es por ello que utilizará sus viejas tácticas para presentarlas como evidencia ante el tribunal del Gran Juez para pedirnos tal cual le sucedió a Jesús cuando satanás le pidió a Pedro para zarandearlo y así desanimarnos para no seguir adelante.

Dijo también el Señor: Simón, Simón, he aquí Satanás os ha pedido para zarandearos como a trigo.
Lucas 22:31 RV 1960

Tenemos una lucha todos los días en nuestro interior, y debemos reconocer que algunas batallas que enfrentamos las perdemos, somos seducidos y arrastrados de una manera tan irónica.

14 La tentación viene de nuestros propios deseos, los cuales nos seducen y nos arrastran.
15 De esos deseos nacen los actos pecaminosos, y el pecado, cuando se deja crecer, da a luz la muerte.
Santiago 1:14-15 NTV

Un cristiano tratará de ocultar a mas no poder las cosas que hace y que esta consciente que desagradan a Dios, poco a poco si se deja vencer por sus impulsos el reflejo de lo que este sembrando en su carne se verá claramente y será muy difícil que pueda ocultarlo. Créeme que aún la manera en la que se expresa, sus comportamientos, su aislamiento, las malas compañías con las que empezará a juntarse serán una muestra de que algo no esta bien. A pesar de haber sido lavado por la sangre del Cordero, este no se dará cuenta que esa misma sangre la esta pisoteando tal vez inconscientemente por lo que en este momento se encontrará en un estado donde su mente ya ha sido cauterizada.

26 Queridos amigos, si seguimos pecando a propósito después de haber recibido el conocimiento de la verdad, ya no queda ningún sacrificio que cubra esos pecados.
27 Solo queda la terrible expectativa del juicio de Dios y el fuego violento que consumirá a sus enemigos.
28 Pues todo el que rehusaba obedecer la ley de Moisés era ejecutado sin compasión por el testimonio de dos o tres testigos.
29 Piensen, pues, cuánto mayor será el castigo para quienes han pisoteado al Hijo de Dios y han considerado la sangre del pacto—la cual nos hizo santos—como si fuera algo vulgar e inmundo, y han insultado y despreciado al Espíritu Santo que nos trae la misericordia de Dios.

Hebreos 10:26-28 NTV

Pablo mismo expuso en una de sus cartas a un siervo de Dios que estuvo con él pero que lo abandonó prefiriendo irse al mundo, le dió la espalda a Dios a cambio de los placeres temporales que esta vida le otorgaba.

Demas me abandonó porque ama las cosas de esta vida y se fue a Tesalónica.
2 Timoteo 4:10 NTV

¿a cuántos cristianos no le ha pasado lo mismo?

Sé que tendrás tus propias preguntas cuando llegas al estado de reconocimiento de tu pecado. Recuerda que cada uno peleamos batallas diferentes pero al final el enemigo lo único que desea realizar en nuestras vidas es quitarnos la asignación y propósito por el cual estamos en esta vida.

Santiago mismo nos dice algo importante:

Bienaventurado el varón que soporta la tentación; porque cuando haya resistido la prueba, recibirá la corona de vida, que Dios ha prometido a los que le aman.
Santiago 1:12 Rv 1960

El tema principal que Santiago nos muestra es **Resistencia**. Dios nos esta demandando que resistamos los ataques en nuestra mente, al final quien toma la decisión somos nosotros. Recuerda que si alimentas a tu carne, se volverá caprichosa, grosera, insolente. Te hará pensar que lo mereces todo, que lo necesitas todo, nunca podrás satisfacerla porque esta carne es insaciable, porque esta corrompida a causa del pecado.

Es por eso que las Escrituras nos desafían a llevar nuestra carnalidad a la cruz una y otra vez.
12 Por lo tanto, amados hermanos, no están obligados a hacer lo que su naturaleza pecaminosa los incita a hacer;
13 pues, si viven obedeciéndola, morirán; pero si mediante el poder del Espíritu hacen morir las acciones de la naturaleza pecaminosa, vivirán.
14 Pues todos los que son guiados por el Espíritu de Dios son hijos de Dios.
Romanos 8:12-14 NTV

Así que, si soportamos la tentación, si resistimos la prueba, estaremos camino a nuestro galardón que esta preparado en el cielo.

¿Nadie se va a dar cuenta, lo voy hacer, total no hay nadie que me vea?

En una ocasión me atreví a hacer algo indebido seguro de que nadie se había dado cuenta y que solo yo lo sabia, al día siguiente mientras veía una enseñanza de un pastor a quien sigo en redes sociales, en la esquina derecha del video estaba la frase: "**JESUS TE VE**". El Espíritu Santo me redargullo haciéndome recordar que lo que había hecho Él no solo lo vio hizo un registro de ello.

Amado hermano(a), este es el engaño más terrible que podemos tener, el problema es que abrazamos mentiras y caminamos engañándonos a nosotros mismos en una postura creyendo que nunca nadie nos va a descubrir.

Llegará el tiempo en que todo lo que está encubierto será revelado y todo lo secreto se dará a conocer a todos.
Lucas 12:2 NTV

Tenemos un ángel a nuestro lado el cual fue asignado por Dios para ayudarnos, protegernos de peligros que pongan en riesgo nuestra vida. El enemigo se ha encargado de colocar espíritus merodeadores los cuales están tomando nota de todos las cosas que hacemos mal, equivocaciones, palabras, acciones, conductas y omisiones, todo con el único propósito de adquirir argumentos sólidos para acusarnos con el Padre.

Por lo tanto, ya que estamos rodeados por una enorme multitud de testigos de la vida de fe, quitémonos todo peso que nos impida correr, especialmente el pecado que tan fácilmente nos hace tropezar. Y corramos con perseverancia la carrera que Dios nos ha puesto por delante.
Hebreos 12:1 NTV

La carta a los Hebreos nos dice que tenemos una enorme multitud de testigos de la vida de fe. Esto me lleva a comprender que cualquier movimiento en falso que demos, traerá consecuencias terribles.

¿Cómo las Escrituras nos dicen claramente que existe un libro en donde se esta anotando nuestra vida? también, ¿Cómo el acusador nos esta poniendo en evidencia delante de Dios al llevarle acusaciones serias y ciertas?

Satanás esta consciente que no se puede presentar ante Dios sin tener la evidencia, nadie acusa a nadie si no se tiene evidencia del delito. Así que el enemigo se presentara siempre ante Dios con las acusaciones correctas por los diferentes delitos cometidos por aquellos que esta acusando.

Uno de los hombres de Dios que trató de muchas maneras de encubrir su pecado fue el rey David.

¿Pero cómo, si este era conforme al corazón de Dios?

Su pecado fue exhibido públicamente a tal grado que hoy encontramos en las Escrituras estos hechos tan lamentables en el 2 Libro de Samuel de los capítulos 11 al 24, se muestran todas las consecuencias obtenidas por tomarse un descanso cuando era tiempo de guerra.

¿Qué es lo que hizo David?

2 Una tarde, después del descanso de mediodía, David se levantó de la cama y subió a caminar por la azotea del palacio. Mientras miraba hacia la ciudad, vio a una mujer de belleza singular que estaba bañándose.
3 Luego envió a alguien para que averiguara quién era la mujer y le dijeron: «Es Betsabé, hija de Eliam y esposa de Urías el hitita».
4 Así que David envió mensajeros para que la trajeran y cuando llegó al palacio, se acostó con ella.
2 Samuel 11:2-4 NTV

David no solo deseo la mujer de Urias, sino que tuvo relaciones con ella, mientras su general se encontraba peleando por él y por su reino, David estaba mancillando su lecho. ¿Cómo ocurrió esto? Las escrituras nos dicen que David estaba

descansando en su palacio, y una tarde paseaba por su terraza y entonces observo a Bethsabe que se estaba bañando abriendo la oportunidad a un espíritu de lujuria, sensualidad, inmoralidad y adulterio, el cual obtuvo todo el permiso legal para tomar su mente, dirigir su voluntad y ejecutar cada uno de estos actos que si David hubiese estado fortalecido en Dios reorienta su mirada y se aleja de la tentación sin poner en riesgo su reinado haciendo huir al diablo.
¿Qué consecuencias le trajo esta situación a David?

El rey David quería que su amigo el general se fuera a su casa y atendiera a su esposa, estaba consciente que Bethsabé estaba embarazada. ¿Hasta dónde se nubló el entendimiento del rey? David pensaba que por ser el rey podía disponer de todo y de todos, así como engañar, seducir, tomar, mentir, ordenar la muerte de alguien sin razón aparente y sin consecuencia alguna solo por ser el ungido de Dios.

Tanto para el Cristiano como para David el no entender los tiempos trae consecuencias que se ven reflejadas en una vida de derrota: deudas, adulterio, fornicación, robo, idolatría, enfermedad traducidas en ataduras o ligaduras que dan a luz crisis temporales o permanentes. Estando conscientes y no ignorando nada.

¡Es aterrador caer en las manos del Dios vivo!
Hebreos 10:31 NVI

El profeta Natán es enviado por Dios para descubrir el pecado de David y fuera llevado al arrepentimiento, y no afectara el propósito y asignación que Dios tenía para su vida.

Después del encuentro de David con el profeta Natán, David entra en el lugar secreto reconociendo sus faltas, derramando su alma delante de aquel que lo había ungido como rey, sabiendo que solo Dios tenía el poder para perdonarle.

Usted puede leer el Salmo 51 David es honesto consigo mismo y con Dios.

1 Ten misericordia de mí, oh Dios, debido a tu amor inagotable; a causa de tu gran compasión, borra la mancha de mis pecados.
2 Lávame de la culpa hasta que quede limpio y purifícame de mis pecados.
3 Pues reconozco mis rebeliones; día y noche me persiguen.

4 Contra ti y solo contra ti he pecado; he hecho lo que es malo ante tus ojos. Quedará demostrado que tienes razón en lo que dices y que tu juicio contra mí es justo.

5 Pues soy pecador de nacimiento, así es, desde el momento en que me concibió mi madre.

6 Pero tú deseas honradez desde el vientre y aun allí me enseñas sabiduría.

7 Purifícame de mis pecados, y quedaré limpio; lávame, y quedaré más blanco que la nieve.

8 Devuélveme la alegría; deja que me goce ahora que me has quebrantado.

9 No sigas mirando mis pecados; quita la mancha de mi culpa.

10 Crea en mí, oh Dios, un corazón limpio y renueva un espíritu fiel dentro de mí.

11 No me expulses de tu presencia y no me quites tu Espíritu Santo.

12 Restaura en mí la alegría de tu salvación y haz que esté dispuesto a obedecerte.

13 Entonces enseñaré a los rebeldes tus caminos, y ellos se volverán a ti.

14 Perdóname por derramar sangre, oh Dios que salva; entonces con alegría cantaré de tu perdón.

15 Desata mis labios, oh Señor, para que mi boca pueda alabarte.

16 Tú no deseas sacrificios; de lo contrario, te ofrecería uno. Tampoco quieres una ofrenda quemada.

17 El sacrificio que sí deseas es un espíritu quebrantado; tú no rechazarás un corazón arrepentido y quebrantado, oh Dios.

Salmo 51:1-17 NTV

Dios perdonó a David, pero sus actos tuvieron consecuencias en sus generaciones y aun su reino fue dividido después que muere Salomón, su hijo.

Las consecuencias del pecado de David:

A) David y Bethsabé conciben un hijo pero Dios le quita la vida al año.
B) Uno de sus hijos violó a una de sus hermanas y Absalón espero el momento para matarlo.
C) Estuvo a punto de perder su reino a causa de su hijo Absalón, quien le había quitado credibilidad en su pueblo.
D) Durante su reinado siempre hubo guerra.

A David se le conoce como el rey que mató gigantes, pero fue derrotado por el gigante que había en su interior y que lo venció.

¿Cómo vencer a tu Gigante?
No puedes vencer un enemigo que no reconoces.

1) Enlista los gigantes ocultos en tu interior con los que luchas día a día.
2) Reconoce a Jesús como tu Señor y Salvador y presenta estos gigantes delante de Él reconociendo que tú no puedes solo y que necesitas su ayuda.
3) Renuncia por tí, por cada miembro de tu familia materna y paterna a cada uno de estos gigantes.
4) En un acto de honestidad pide perdón a Dios por la legalidad que les diste tú, tus padres, abuelos, cualquier antecesor que haya dejado vivo algún gigante con el cual estes batallando.
5) Consagra tu vida, busca diariamente a Dios en tu lugar secreto, medita en la Palabra de Dios la cual fortalecerá tu fe y te brindará herramientas importantes en tu día a día, practica el ayuno, su propósito es romper ligaduras que aun estén vigentes y que te pueden estorbar para tu propósito y asignación y no dejes de congregarte.
6) Alimenta tus sentidos con aquello que edifica tu alma y te lleva a la presencia de Dios "veras cambios impresionantes".

Sugerencias:

You Tube: Cielos Abiertos CCI
Facebook: Cielos Abiertos CCI
Instagram: Cielos Abiertos CCI
Tik Tok: @pastorjoseluisdamian
X o Twiter: @damian77mx

Me viste antes de que naciera. Cada día de mi vida estaba registrado en tu libro. Cada momento fue diseñado antes de que un solo día pasara.
Salmo 139:16 NTV

Vivamos como verdaderos hijos de Dios, no permitamos que el pecado nos arrebate aquellas grandes promesas que un día Dios nos dió.

Capítulo 8
PENSAMIENTOS INTRUSOS
EL PELIGRO DE UNA MENTE CONTAMINADA

Al ver el Señor que la maldad del ser humano en la tierra era muy grande y que toda inclinación de su corazón tendía siempre hacia el mal, lamentó haber hecho al ser humano en la tierra, y le dolió en el corazón.
Génesis 6:5-6 NVI

Escribir este capítulo no es tan sencillo, me lleva a sacar a la luz todas aquellas cosas que muchas veces nos afectan en nuestro caminar y que por alguna razón no sabemos enfrentarlas en el momento.

¿Cuántos cristianos hoy en día están sufriendo a causa de tantos pensamientos intrusos que los orillaron a alejarse de Dios y darle la espalda?

Dios habló con una Palabra profética a una pareja de pastores con referencia a que ellos visitarían el ministerio Cielos Abiertos para ser ungidos como parte del ministerio para ser mentoreados, mediante un acompañamiento continuo con el propósito de que lograran el crecimiento y desarrollo efectivo de su ministerio. Pude ver que era la voluntad de Dios al verlo suplir todo, boletos de avión, traslado y ofrendas especiales para que pudieran hacer el viaje. Tuvimos comunicación por un tiempo de cuatro meses aproximadamente y acordamos que si era la voluntad de Dios nos veríamos nuevamente en nuestro Congreso Anual "Enciende el Fuego" mismo que se realiza el último fin de semana del mes de Febrero de cada año. Con la finalidad de que ellos entraran a lo más intimo de nuestra familia, decidimos recibirlos en nuestra casa durante toda su estancia en México, asumo que pudieron conocerme como padre de familia, esposo y siervo de Dios.

Al termino del Congreso con el equipo de organización reunido (Líderes y servidores) junto con un servidor y la pareja de pastores visitante realizamos una retroalimentación y les despedimos asumiendo conforme a sus palabras de bendición, el haber rebasado sus expectativas, tanto de la relación ministerial como de la ministración del Espíritu Santo durante su estancia en México.

Su ministerio fue reconocido y ungido haciéndoles parte de nuestro ministerio Cielos Abiertos poniendo por testigo a Dios primeramente y a todos los presentes en ese momento. Ante el mundo espiritual se les reconoció como hijos espirituales de Cielos Abiertos, iglesia que el Señor me ha dado el honor de pastorear al lado de mi esposa.

Fue tan grande el peso de gloria sobre sus vidas del que no fueron conscientes que desde mi experiencia puedo comprender lo sucedido.
Ellos regresaron a su país con gran gozo y con nuevas amistades y conexiones espirituales a raíz del ministerio que en mi confianza fomenté.

Que importante es la higiene mental, exhibir nuestros pensamientos delante de nuestros mentores aquellos que han pagado un precio por nosotros y quienes han estado cuando más los necesitamos.

Las moscas muertas hacen heder y dar mal olor al perfume del perfumista; así una pequeña locura, al que es estimado como sabio y honorable.
Eclesiastes 10:1 RV 1960

En mi experiencia observo que el pensamiento da origen a una conducta o acción, misma que si nos descuidamos traerá consecuencias para bendición o como en este caso separación.

A un año de lo sucedido viendo Face to Face / Cara a Cara asumo que hubo responsables de lo sucedido y no hablo de personas sino de los pensamientos intrusivos que se gestaron en mi mente y en la mente de ellos y no me di por enterado. En mí una confianza desmedida de que todo esta bien, pero en la mente de ellos ¿cuál sería? que a la fecha no he recibido una explicación del porque decidieron interrumpir la relación ministerial.

A manera de conclusión solo puedo expresar que los pensamientos intrusivos generalmente vienen a robar, matar y destruir todo lo que con horas de estar en la presencia de Dios fue construido.

Dios habla con Cain hermano de Abel y las palabras que se registran en el libro de Genesis me impactan debido a que Dios le estaba dando la oportunidad para que tomara la mejor decisión.

«¿Por qué estás tan enojado? —preguntó el Señor a Caín—. ¿Por qué te ves tan decaído? Serás aceptado si haces lo correcto, pero <u>si te niegas a hacer lo correcto</u>, entonces, ¡ten cuidado! **El pecado está a**

la puerta, al acecho y ansioso por controlarte; pero tú debes dominarlo y ser su amo».

Génesis 4:6-7 NTV

Dios nos observa y conoce nuestros pensamientos y las intenciones de nuestro corazón, no existe nada que se le escape y este pasaje nos expone claramente que no hay nada oculto delante de sus ojos.

Serás aceptado si haces lo correcto.

Como seres humanos vivimos bajo una naturaleza caída a causa del pecado, esto no debemos de tenerlo como una justificación o excusa para hacer todas aquellas cosas que van contra naturaleza. Dios nos ha puesto en nuestro ser una área llamada conciencia y a pesar de que muchos no tienen una relación con Dios, pueden distinguir entre el bien y el mal. Todos en la vida, profesemos o no una religión tomamos decisiones todos los días, en base a nuestras decisiones recibiremos el fruto de dicha decisión sea buena o sea mala. Las decisiones con sabiduría nos hacen personas honorables ante los ojos de Dios y de los hombres, mientras que las decisiones sin sabiduría nos conducirán por senderos no gratos o de deshonra.

Recordemos que Dios nos dio el regalo del libre albedrío, así que seas o no cristiano tus decisiones marcarán el rumbo de tu vida.

Si te niegas a hacer lo correcto, entonces, ¡ten cuidado!

Dios siempre nos da advertencias, estas son tan claras a lo largo de nuestra vida que a pesar de no leer las Escrituras, las señales están puestas siempre para advertirnos de los peligros a los que nos podríamos enfrentar si no les hacemos caso.

Existe un sexto sentido que nos advierte de peligros, y este ha sido colocado en cada uno de nosotros para seguridad personal.

El pecado está a la puerta

Es importante mencionar que Dios ha establecido en su Palabra leyes espirituales que nos protegen de esos pensamientos intrusivos, fueron diseñadas con el único fin de que seamos nosotros los que activemos o no en el mundo físico o espiritual esas leyes.

8 Otra vez le llevó el diablo a un monte muy alto, y le mostró todos los reinos del mundo y la gloria de ellos,

9 y le dijo: Todo esto te daré, si postrado me adorares.

10 Entonces Jesús le dijo: Vete, Satanás, porque escrito está: Al Señor tu Dios adorarás, y a él sólo servirás.

Mateo 4:8-10 RV 1960

Observas como satanás no respetó a Jesús nuestro Maestro, viniendo con un pensamientos intrusivo, ofreciendo darle los reinos del mundo y la gloria de ellos a cambio de la adoración hacia él.

Dios esta diciendo: "**El pecado esta a la puerta**" las Escrituras mencionan que el pecado esta a la puerta, nos esta diciendo que el pecado **no** puede entrar a menos que seamos nosotros los que abramos la puerta consintiendo la presencia en nuestra mente de algún pensamiento intrusivo.

Mira que estoy a la puerta y llamo. Si alguno oye mi voz y abre la puerta, entraré y cenaré con él y él, conmigo.

Apocalipsis 3:20 NVI

Somos responsables de las decisiones que tomamos día a día. Nuestros pensamientos son la base fundamental en todas nuestras decisiones. Para que nuestros pensamientos se vean reflejados en acciones, primero se tiene que alimentar.

El Apóstol Pablo escribió lo siguiente:

18 Yo sé que en mí, es decir, en mi carne, nada bueno habita. Aunque deseo hacer lo bueno, no soy capaz de hacerlo.
19 De hecho, no hago el bien que quiero, sino el mal que no quiero.
20 Y si hago lo que no quiero, ya no soy yo quien lo hace, sino el pecado que habita en mí.
21 Así que descubro esta ley: que cuando quiero hacer el bien, me acompaña el mal.
Romanos 7:18-21 NVI

Pablo menciona la lucha que tenía dentro de él, su propósito al confiarnos y abrirnos su corazón solo era mostrarnos lo frágil que somos como seres humanos y que todo nuestro ser esta afectado por el pecado que nos fue heredado de generación en generación, el cual solo puede eliminarse con la sangre preciosa del Cordero.

El peligro de una mente con pensamientos intrusos se basa en la inclinación hacia el mal. Un niño siempre es atraído por cosas malas, es más fácil que crea que existe o se mueve un fantasma en su casa que creer que Dios esta cuidándola. ¿Por qué? El mal viene insertado en nuestra naturaleza caída.

El Apóstol Pablo menciona que lo malo lo quería dominar ¿cómo es posible esto si era un siervo de Dios usado poderosamente?

El pecado no puede controlarnos ni dominarnos si no le abrimos la puerta. Cada persona, cristiano o no, es responsable de que es lo que permite que lo domine.

Llegamos a una edad adulta y creyéndonos maduros tomamos decisiones que cuando vemos las consecuencias podemos encontrarnos en la situación que menciona el Apóstol Pablo.

Todas las cosas me son lícitas, pero no todas convienen; todas las cosas me son lícitas, pero yo no me dejaré dominar por ninguna de ellas.
1 Corintios 6:12 BTX

El pecado como bien sabemos es toda transgresión a las leyes de Dios, es decir el pecado es desobediencia, rebeldía en contra de las leyes establecidas por Dios que tienen como fin normar nuestra conducta aquí en la tierra. Pablo dice que aunque deseaba hacer lo bueno no era capaz de hacerlo, Dios por otra parte dice: pero si te niegas a hacer lo correcto, entonces, ¡ten cuidado!

El peligro de una mente contaminada con pensamientos intrusos refleja las decisiones que tomamos. Mientras tu quieres orar y buscar la presencia de Dios, de pronto te encuentras viendo una serie, redes sociales, jugando videojuegos llenando tu mente con pensamientos intrusivos, debilitando tu relación con Dios.

El Apóstol Juan nos dice:

Porque todo el que es hijo de Dios vence la maldad del mundo. Todo el que confía en Cristo tiene la victoria sobre el pecado de este mundo. Los que vencen a la maldad del mundo son los que creen que Jesús es el Hijo de Dios.

1 Juan 5:4-5 NVI

Las Escrituras siempre estarán martillando nuestras vidas para advertirnos de todos los peligros y riesgos que de pronto están a nuestro paso, es por eso que debemos valorar ese manual que en los momentos mas difíciles de nuestra vida tendrá las respuestas exactas para poder guiarnos y enfocarnos en las decisiones que debemos tomar.

8 Cuídense de no echar a perder el fruto de nuestro trabajo; procuren más bien recibir la recompensa completa.
9 Todo el que se descarría y no permanece en la enseñanza de Cristo no tiene a Dios; el que permanece en la enseñanza sí tiene al Padre y al Hijo.

2 Juan 1:8-9 NVI

Como contrarrestar los pensamientos Intrusivos:

a) Teniendo conocimiento de la Palabra.
b) Buscar un versículo bíblico para contestarle al enemigo con la Palabra de Dios.
c) Diciendo como lo hizo Jesús cuando fue tentado: "Escrito esta", diciendo el Capítulo y versículo en donde se encuentra esa Escritura que derriba el pensamiento intrusivo con el que el enemigo te ataca.

d) No olvides mencionar en el nombre de "Jesús".

En nuestra alma residen nuestras emociones, sentimientos, pensamientos y voluntad. constantemente estaremos expuestos ya sea por parte del pecado que esta a la puerta al acecho o a causa de nuestras percepciones. Recordemos que el enemigo más peligroso no es el diablo tampoco el mundo, el enemigo a vencer es nuestra vieja naturaleza caída.

Es posible vencer, pero es una decisión personal. Dios nos da la victoria por medio de nuestro Señor Jesucristo.

Capítulo 9
ADICCIONES
LAZOS QUE INMOVILIZAN TU ASIGNACIÓN

CUANDO NEGAMOS QUE TENEMOS UN PROBLEMA

"Disciplino mi cuerpo como lo hace un atleta, lo entreno para que haga lo que debe hacer. De lo contrario, temo que, después de predicarles a otros, yo mismo quede descalificado."
1 Corintios 9:27 NTV

Una de las dificultades más grandes es confrontarnos a nosotros mismos; somos seres tan complejos que definitivamente es difícil poder abrir los secretos más profundos que nos atemorizan y que de tiempo en tiempo pretenden apresarnos. Siempre he dicho que el enemigo más peligroso a considerar no es el diablo a pesar de todos sus ataques, tampoco el mundo con toda su influencia. ¡No! el enemigo mas peligroso esta frente a nuestro espejo. Ese hombre o mujer que esconde tantos secretos y temores con el propósito de no mostrarse frágil e indefenso. Esa vieja naturaleza siempre se esconde debajo de una caparazón tan fuerte que es imposible romper, nadie puede hacerlo, Dios no puede hacerlo y no es que no pueda te explicaré en un momento la razón, esa caparazón solo se romperá con una sola decisión, con una sola palabra de arrepentimiento, de reconocimiento y valor de cambiar el rumbo de nuestra vida.

El hecho de tener tantas adicciones es debido a como las hemos ido adoptando a lo largo de nuestra vida normalizándolas cauterizando nuestra mente creyendo que no hacen mal.

El Apóstol Santiago dice claramente que cada uno es atraído y seducido por sus propios deseos, los cuales seducen y arrastran; cuando se hacen parte de la vida generan hábitos que otorgan derechos y autoriza al enemigo para poner lazos y cadenas sobre sus vidas, después producirá el pecado trayendo por consecuencia muerte.
Las Adicciones se viven como parte de las costumbres diarias sin darnos cuenta que se esta

modificando nuestro estilo de vida, cuando menos lo pensamos ya tenemos un habito nuevo y no precisamente para bendición. Nos convertimos involuntariamente en piedras de tropiezo afectando no solo aquellos que nos observan en comportamientos, acciones y actitudes, no olvides que esto es tanto lo que se puede ver como también en el mundo espiritual ya que la Escritura nos dice que tenemos una gran nube de testigos en el cielo y la tierra, por si fuese poco generamos en el mundo espiritual maldiciones inconscientemente para nuestra descendencia los cuales se verán afectados aunque ellos lo desconozcan llevarán una carga llamada maldiciones generacionales.

"El Gigante que no puedas vencer hoy, tus hijos tendrán que enfrentarlo".

Cada adicción mostrará tarde o temprano el resultado de haberla fortalecido, presos en regiones de cautividad, es común no saber como salir de ellas pues tampoco supimos en que momento entramos ni como se fueron fortaleciendo salones autoridad para robar la voluntad, el razonamiento, el sentido común convirtiéndose en frenos para no caminar en el propósito de Dios.

Podemos tener adicciones al celular, computadora, televisión, sexo, inmoralidad, adulterio, consumo de sustancias como drogas, alcohol, nicotina o cafeína, a la avaricia, a los juegos de azar , aun el mismo trabajo puede ser una adicción.

Pablo nos nos hace una pregunta importante en la carta a los Romanos en el capítulo 6:

¿Deberíamos seguir pecando para que Dios nos muestre más y más su gracia?

¡Por supuesto que no! Nosotros hemos muerto al pecado, entonces ¿Cómo es posible que sigamos viviendo en pecado?

Si piensas que la Biblia no es actual ¿porqué estas preguntas aún continuan haciendo eco en nuestras mentes?

Cuando vivía conforme al sistema de este mundo en sus delitos y pecados no percibía la maldad como hoy la veo, y es cuando la Escritura me revela que la misma Palabra me confronta y puedo percibir todas aquellas cosas que a Dios no le agradan de mi persona, si te soy honesto… la batalla es día a día hasta que el Señor nos llamé a su presencia o bien venga por su iglesia.

Cuando Dios esta de tu lado el promete ser tu escudo, fortalecerte y ayudarte en esos momentos de angustia, soledad, ansiedad, tristeza, dolor, frustración, debilidad, fragilidad y enfermedad. El enemigo no puede detener tu avance, el mundo tampoco, ha llegado el momento que tomes las decisiones que bendecirán tu vida siendo responsable de elegir por tí y para los tuyos un destino libre de vergüenza, carencia y un cuadro de patrones que comúnmente se ven repetidos como ciclos inconclusos sin romperse.

Dios me había llevado a trabajar a la ciudad de Colima, creía que mi vida iba a mejorar en todas las áreas, para ese tiempo solo era un miembro mas de la iglesia cristiana, aún yo no tenía un ministerio o compromiso como hoy lo tengo. Mi esposa y mi hija mayor en ese entonces me acompañaron en esa aventura que duraría 5 años aproximadamente, vivimos juntos una temporada de dificultades económicas, espirituales, familiares y laborales, el trabajo me absorbía demasiado, la relación con mi esposa poco a poco se fue debilitando por el cansancio, mi falta de atención, habían dejado de ser mi prioridad mi esposa y mi hija ya no se diga Dios. Admito que en mi desgastada relación con Dios y con mi esposa conocí a una mujer que movió emociones en mí. Ahora me doy cuenta que hay personas que por nuestra personalidad, temperamento y carácter nos resultan atractivas sin que necesariamente sean del sexo opuesto, de ahí surgen nuestros grandes amigos, el amor de nuestra vida y las personas que se convierten en nuestros mentores porque junto con la admiración crece el afecto al encontrarnos con los mismos gustos, intereses, hobbies y porque no decirlo hasta con el mismo tipo de carencias. Observa como en mi necesidad de llenar ese vacío que comenzó a crear el distanciamiento entre mi esposa y yo, abrí una puerta para que se despertaran emociones y sentimientos de engaño disfrazados hacia esta mujer resultándome atractiva, pero bien pudo haber sido también el que yo haya conocido en este mismo ambiente laboral a un amigo que reuniera las características que mencionamos anteriormente. si hacemos una comparación entre ella y mi esposa, mi amada es físicamente más bonita, tiene cualidades que me hacen sentir el hombre más afortunado de esta tierra, su bella sonrisa disipa cualquier temor que me quiera abrazar y al estar a su lado me siento completo. Con los años que el Señor me ha dado de experiencia en el ministerio iniciando desde el liderazgo ocupando diferente cargos hasta llegar al pastorado que hoy tengo el honor de llevar. Me doy cuenta de una gran falta de amor en las personas que constantemente necesitan ser reconocidos, apreciados y amados y al no tenerlo lo buscarán y lo tomarán de quien se los brinde.

El enemigo había diseñado un plan y casi logro caer en la trampa. La relación entre aquella persona y un servidor fue creciendo pero no había amor, solo atracción física y un deseo intenso. Recuerdo bien que nos pusimos de acuerdo un día para concretar y tener relaciones, la noche anterior fue una de las más largas de mi vida porque no podía dormir. Experimente pensamientos de culpabilidad pero a la vez me resultaba atractivo y emocionante, emociones de alegría y tristeza a la vez minimizando las consecuencias. ¿Total que podría pasar? ¿Quién se iba a dar cuenta? ¿Muchos lo hacen, porque yo no? Justificando mi conducta para apagar los pensamientos de culpabilidad que experimentaba en ese momento. Llegado el día, por alguna razón, desde que amaneció y abrí mis ojos me embargo un temor como nunca lo había experimentado trate de estar ocupado todo el tiempo e incluso hice que mi día fuera extremo en cuanto a carga de trabajo, decidí no presentarme en el lugar ni la hora acordada. Esa noche llegue a casa y ya no pude más, con vergüenza vi a aquella que ama mi alma y voltee a ver a mi pequeña, en mi interior decía ¿cómo puedo ser un monstruo y comportarme de esta manera? ellas no merecen ni el esposo ni el padre que hoy ven. Esa noche le pedí perdón a mi esposa, no recuerdo cuantas horas pasaron, ese día valore a esa mujer virtuosa que el Señor me había dado y desde ese momento mi amor hacia ella y mi hija cambio y dio un giro inesperado para bien. Esa decisión marco mi vida y la de mi esposa, cerré muchas puertas que al día de hoy cobran relevancia pues mi hijos naturales y espirituales han sido bendecidos en la fidelidad y lealtad de mi matrimonio. Mi esposa y yo al ejercer el pastorado los bendecimos sabiendo que nos encontramos aprobados delante de Dios y con autoridad para impartir no solo de palabra sino con nuestra vida redimida que el reino de los cielos es real, que Jesús sigue vigente, que sigue haciendo milagros y que es Dios de imposibles.

A la mayoría de los cristianos les avergüenza de verdad que conozcan su pasado, o que vean ese lado oscuro de sus vidas que no los coloca en un excelente lugar, créeme que hay pastores, líderes, profetas, apóstoles y demás que aun están siendo confrontados a causa de sus luchas internas, mientras más servimos al Señor el enemigo tratará de hacernos caer y traerá todas aquellas cosas que conoce de nosotros. Es por eso que la única manera de poder salir en victoria es caminando en la santidad que la Palabra de Dios nos pide que vivamos. Suena un poco religioso pero santidad significa que nos apartemos de todas aquellas cosas que nos pueden dañar, que nos afectan en nuestro caminar y que estorban para tener una plena comunión con Dios. Cuando no nos atrevemos ni siquiera orar, este es un síntoma de que algo no esta bien. Debemos hacer una auto análisis para descubrir la raíz y así poder atacarla de frente.

Una adicción la podríamos deducir cómo aquello que ocupa gran parte de nuestro tiempo. Pon a volar tu mente un momento, has un alto a esta lectura y piensa ¿que cosas te están robando tu esencia, tiempo con Dios, con tu familia, trabajo, amistades y ministerio? Toda adicción va a provocar que te conviertas en un ermitaño, y Dios no te llamó para que lo seas.

Como mencione anteriormente al principio del capítulo, Dios no puede romper la caparazón de autoprotección debido a que existen leyes espirituales establecidas y una de las más importantes es la del libre albedrío, Dios no puede traer libertad y romper las cadenas de alguien que desea continuar en esa condición.

18 Si el justo se aparta de su justicia y hace lo malo, morirá a causa de ello.
19 Y, si el malvado deja de hacer lo malo y actúa con justicia y rectitud, vivirá.
Ezequiel 33:18-19 NVI

El diablo tampoco puede atacar a una persona si esta decide caminar en integridad con Dios, el enemigo lo sabe bien, es por eso que constantemente trata de llamar nuestra atención con aquellas cosas que a nuestra vieja naturaleza le agradan. Es por eso que si logra acertar con un pensamiento intrusivo por más que nos sintamos fuertes y tomemos la decisión de apartarnos de la justicia de Dios comenzando a hacer aquellas cosas que a nuestro Señor no le agradan las consecuencias serán el resultado de esas decisiones.

Recordemos que el Apóstol Pablo menciona que la paga del pecado es muerte mas la dádiva de Dios es vida eterna en Cristo Jesús para aquellos que lo quieren.

Santiago escribió:

12 Dichoso el que resiste la tentación porque, al salir aprobado, recibirá la corona de la vida que el Señor ha prometido a quienes lo aman.
13 Que nadie al ser tentado diga: «Es Dios quien me tienta». Porque Dios no puede ser tentado por el mal, ni tampoco tienta él a nadie.
14 Todo lo contrario, cada uno es tentado cuando sus propios malos deseos lo arrastran y seducen.
15 Luego, cuando el deseo ha concebido, engendra el pecado; y el pecado, una vez que ha sido consumado, da a luz la muerte.
Santiago 1:12-15 NVI

La adicción se refiere a una dependencia o hábito repetitivo y peligroso. Entendamos que los hábitos son conductas que repetimos muchas veces hasta que forman parte de nuestras actividades diarias, de esta manera, luego de un tiempo, los hábitos se vuelven automáticos. Pueden ser de una sustancia o comportamiento, que no se puede controlar y que puede causar graves consecuencias negativas en la salud, la vida personal y social de la persona adicta.

Es por esa razón que Jesús nos invita constantemente a que no nos apartemos de nuestro manual el cual es poderoso para corregirnos, instruirnos a tiempo y fuera de tiempo, es la lampara que alumbrará nuestras vidas y es capaz de fortalecernos en el día del mal para sacarnos victoriosos ante los embates aun de nuestra propia naturaleza.

La adicción puede ser causada por factores biológicos, psicológicos y sociales, y puede afectar a cualquier persona, independientemente de su edad, género o condición social. Aquí la importancia de seguir el consejo del Apóstol Pablo cuando nos exhorta a llevar a nuestro viejo hombre a la cruz, solo así podremos ver con claridad todos los planes y proyectos que Dios tiene para cada uno de aquellos que ha llamado conforme a su propósito.

6 Sabemos que nuestro antiguo ser pecaminoso fue crucificado con Cristo para que el pecado perdiera su poder en nuestra vida. Ya no somos esclavos del pecado.
7 Pues, cuando morimos con Cristo, fuimos liberados del poder del pecado;
8 y dado que morimos con Cristo, sabemos que también viviremos con él.

Romanos 6:6-8 NTV

Como hombres y mujeres de fe es nuestra responsabilidad dejar atrás los viejos hábitos, pensamientos, comportamientos pecaminosos para poder disfrutar la vida nueva que Jesús nos entrega desde el momento en que somos perdonados.

22 deshágance de su vieja naturaleza pecaminosa y de su antigua manera de vivir, que está corrompida por la sensualidad y el engaño.
23 En cambio, dejen que el Espíritu les renueve los pensamientos y las actitudes.
Efesios 4:22-23 NTV

No podemos echar la culpa a nadie, no podemos justificar nuestros errores por causa de personas ajenas, tal vez ellas fueron usadas en su momento para desestabilizarnos pero ten en cuenta que cada uno es responsable de tomar la decisión correcta o equivocada.

De manera que cada uno de nosotros rendirá cuenta a Dios de sí mismo.
Romanos 14:12 RVA-2015

Es importante destacar que la adicción es un trastorno que requiere un tratamiento especializado y apoyo para superar. Las Escrituras nos dicen que la respuesta esta en Jesús, que Él tiene el poder de romper con todo yugo, su sangre es capaz de eliminar cualquier trastorno llámese como se llame. Además es Jesús el único que conoce a la perfección en donde se encuentra la raíz del problema.

17 Lo que les voy a decir es una advertencia del Señor: dejen ya de vivir como los que no son creyentes, porque ellos se guían por pensamientos inútiles.
18 Su entendimiento está oscurecido porque están separados de la vida que viene de Dios y porque son ignorantes debido a lo terco que es su corazón.

Efesios 2:17-18 PDT

Debe haber una separación en cuanto a los que caminan en Cristo de aquellos que no le conocen o no deciden entregarle sus vidas:

* Se guían por pensamientos inútiles. Las Escrituras nos dicen que es imposible que convenzas a un necio de la vida que lleva o las decisiones que toma en contra de su propia vida y la de los que le rodean.
* No usan el razonamiento por lo que no pueden ver ni dimensionar los peligros que existen al llevar

una vida en desorden. Su mente llega a un nivel de cauterización por lo que no pueden separar lo malo de lo bueno confundiendo uno de lo otro porque no tienen una identidad.
* Están separados de la relación con Dios. No pueden llamarle amigo, Padre, Señor porque sus vidas no están sometidas a su voluntad ni su dirección.
* Su ignorancia los conduce por un valle en donde aparentemente todo esta bien mientras no le hagas daño a nadie, por lo que son tercos en continuar por el camino de muerte a pesar de sus consecuencias.
* No les importa hacer el ridículo, pierden el sentido de la cordura, hacen a un lado la pureza y exhiben a otros sus logros en la inmoralidad.
* Están conscientes de la vida que llevan, pero aun así deciden ir por ese camino que lleva a la destrucción no solo de su vida sino de su alma, arrastrando a otros para que imiten sus acciones perversas sin importarles el destino final en donde terminarán.

Hoy el hombre se cree Dios, y para ponerlo por evidencia levanta leyes que avalen sus conductas perversas que legalicen lo que Dios no puede ni desea aprobar. Piensan que Dios pasará por alto todo.

20 Pero esa clase de vida no tiene nada que ver con la instrucción que recibieron de Cristo.
21 Sé que ustedes han recibido su mensaje y han aprendido la verdad que está en Jesús.
22 Se les enseñó a dejar atrás la forma de vida que llevaban antes. Ese viejo ser va de mal en peor por los deseos engañosos.
23 Aprendieron a renovar su forma de pensar por medio del Espíritu,
Efesios 4:20-23 PDT

Como cristianos nos enfrentamos todos los días a peligros que sin darnos cuenta, nos encierran en hábitos que afectan nuestros sentidos y emociones, poniendo en riesgo toda promesa de Dios.
Existen tantos ejemplos en la Biblia que nos muestran como el pueblo de Dios no obtuvo sus promesas a causa de hábitos como la murmuración, rebeldía y la idolatría que no pudieron erradicar de sus vidas, sin pensarlo maldijeron a sus hijos y fueron desechados por ignorar que Dios estaba molesto a causa de esto. Toda la Escritura esta llena de advertencias, carteles con letras tan grandes que nos anuncian el peligro; desafortunadamente

vivimos en una época en donde estamos distraídos, esto a provocado un enfriamiento tremendo en el pueblo de Dios que se cumple la Palabra que a lo bueno le llaman malo y a lo malo bueno. Abrazamos doctrinas tan perversas debido a la falta de identidad, el no ayunar orar y meditar en la Palabra ha provocado que adquiéramos hábitos nocivos para nuestra salud espiritual, física, mental, familiar y social.

El Señor anhela que su pueblo pueda ver el peligro en el que se encuentra. Imagínate que vas manejando en tu auto e ignoras todos los anuncios que se encuentran en tu trayecto, el ignorarlos pueden provocar que no llegues a tu destino, o bien tu vida se encuentre en peligro por no poner atención a lo que se te estaba informando a lo largo de tu trayecto.

¿Cuántas veces nos hemos equivocado al tomar una ruta que no es la correcta?

Créeme que me ha pasado y más en una ciudad grande en donde si no pongo la atención debida a los señalamientos, el lugar a donde me dirijo quedará muy distante, debido a que no pongo atención por lo que sin querer me desvió del camino a causa de no leer los letreros que se encontraban cuando inicie mi camino. Esa es la misma vida del cristiano, muchos ignoramos todos esos señalamientos y advertencias de los peligros debido a una falta de disciplina al no leer las Escrituras, al no ser dirigidos por el Espíritu Santo, al no ayunar para que todo obstáculo sea quitado. Cada uno somos responsables por si mismos de llegar a nuestro destino siempre y cuando seamos disciplinados al leer todos los mensajes que se encuentran a nuestro paso. Es por eso que el enemigo se encargará de ayudarnos a fortalecer todas esas adicciones que nos alejan cada día de nuestras promesas.

Debemos estar alerta, entiende que siempre que dejes de hacer la obra que Dios puso en tus manos, siempre que dejes de orar, ayunar, meditar en la Palabra, las alertas se estarán prendiendo, las alarmas estarán sonando porque existe peligro, es en esos momentos en donde empezará el enfriamiento, el enemigo esta trabajando arduamente tratando de apagar el fuego encendido en tu corazón, y lo irónico es que estas consciente de ello y no haces nada por detenerlo. Dios nos alienta y y confía en que seremos responsables de mantener esa llama ardiendo siempre. así que si no puedes resistir al diablo el no podrá huir de tí, se fortalecerá cada vez más cuando tú te prestes a su engaño. El objetivo es que cuando llegue el día en el que sea arrojado en el lago de fuego que fue preparado exclusivamente para el diablo y sus ángeles, seas tú quien lo acompañe. Recuerda que el infierno es un lugar de tormento, pero este no se compara al lago de fuego, ambos no fueron creados para castigar al hombre, no, ambos fueron para poner en su lugar aquel que nos acusa día y noche ante nuestro Padre.

Si me pides como deshacer una adicción, las respuestas ya las tienes tú, el Espíritu Santo habla constantemente a tu espíritu y te dice que le agrada y que no le agrada, además por si fuese poco puso en ti algo que conocemos como consciencia, la cual también nos advierte de los peligros y de las cosas que no son correctas. Así que para descubrir como salir de una adicción la solución es que seas un adicto al Espíritu Santo, que seas un adicto a su presencia, que seas un adicto a su gloria. Te aseguro que si en verdad lo buscas de todo corazón, Dios vendrá a ti como viento recio, apagará los fuegos del enemigo en tu vida y traerá bonanza en medio de la tempestad. Fuiste diseñado para caminar en una nueva vida, el Espíritu Santo te ha dado el poder para poder vencer toda tentación, solo tienes que abrir tu boca y hablar la Palabra y a causa de la unción impuesta en ti, te aseguro, todo yugo se romperá.

Capítulo 10
ENEMIGO MÍO
CUANDO EL PELIGRO SE ENCUENTRA EN MÍ

> *Si alguien se cree religioso pero no controla sus palabras, se engaña a sí mismo y su religión no vale nada. La religión pura y sin contaminación que Dios sí acepta, es esta: ayudar a los huérfanos y a las viudas en sus dificultades y no dejarse influenciar por la maldad del mundo.*
> **Santiago 1:26-27 PDT**

En una ocasión mi amada esposa me compartió un pensamiento que encontró, el cual me dejó reflexionando acerca de las palabras profundas que me mostraba:

"Si yo oro, ayuno, predico, hablo en lenguas, danzo, canto con todo mi corazón a mi Señor, le soy fiel porque no falto a los cultos, diezmo y ofrendo pero además Dios me usa poderosamente, por si fuese poco no bebo, no voy a fiestas para darle rienda suelta a mi carne, visto con decoro, cuido mi vida y no me parezco en nada a los mundanos, por lo cual creo que soy muy espiritual" ¿Pero y la lengua? Despedazo a mi prójimo, lo calumnio, ofendo, difamo y le miento.

El Apóstol Santiago en su carta, nos advierte de algo importante que pasamos por alto:

"Si alguien se cree religioso pero no controla sus palabras, se engaña a sí mismo". Estas palabras golpearon duro mi corazón, me hicieron recordar todas aquellas veces en las que fuí lastimado.

Ahora doy gracias a Dios por haberlo permitido, de no haber sucedido hoy no estuviese compartiéndote esto. Cuando Dios permitió que se me lanzaran dardos tan venenosos a mi corazón, esos dardos dieron en el blanco, por vez primera experimenté en carne propia el significado del odio y del rencor. Esto no sucedió cuando estaba en el mundo, ¡no! aconteció cuándo mi vida ya había sido regenerada y lavada con la sangre de Cristo.

La primera vez que fui lastimado mis heridas abiertas duraron un año, fue el tiempo que pase en la sombra del desanimo, la angustia y sumido en el dolor producido por las palabras lanzadas en mi contra. Despertaron el deseo de abandonar los sueños en Cristo que se me habían entregado a través de la oración y Palabras proféticas, quise huir, dejar todo a la deriva, había algo dentro de mí que me impulsaba a permanecer. Dios quería darme una lección, nadie sabía lo que me estaba pasando, en ese momento lo único que podía ver era a quien yo consideraba mi mejor amigo traicionando mi confianza y rompiendo la lealtad que nos unió durante años. Para ese entonces yo había dado lugar a diferentes espíritus para atacaran mi mente y mi corazón. Estaba ciego de ira, coraje, deseos de que le fuera mal, a la vez me sentía frustrado e imposibilitado espiritualmente para pedir ayuda teniendo una gran sed de justicia.

Cuídense unos a otros, para que ninguno de ustedes deje de recibir la gracia de Dios. Tengan cuidado de que no brote ninguna raíz venenosa de amargura, la cual los trastorne a ustedes y envenene a muchos.
Hebreos 12:15 NTV

¿Cómo hacer que esta Palabra cobrará vida en mí? Si en esos momentos estaba pasando por una situación de traición. El enemigo me había tendido una trampa y no quise verla porque ello implicaba responsabilizarme y ver a mi amigo como realmente era. Reconozco que la gracia de Dios por alguna razón se había detenido para mí, las cosas que hacía ya no fluían igual, gran parte de mi tiempo permanecí aislado como si fuese un ermitaño. De ser una persona alegre y sociable ahora todos aquellos que me conocían sabían algo no estaba bien.

¿Alguna vez te ha pasado lo mismo?

En mis años de experiencia he aprendido que aquel hombre que en su momento era usado por Dios, quien le servia con todo su corazón, siendo honesto no quería verle ni escuchar su voz, anhelaba que fracasara y que su ministerio no brillara, para confirmar que Dios había hecho justicia a mi favor. Esto no sucedió así, Dios tenía un trato personal conmigo aquel joven confiado, con la necesidad de afecto, reconocimiento y ser afirmado que mostraba desmedida confianza en aquellos que confiaba, habría que ser transicionado. Un año después mientras mi pastor estaba predicando, algo me impulso a correr a donde se encontraba él en la plataforma y abrazarme a sus pies como un niño, ese día me olvidé por completo de los que estaban presentes, Dios me llevó al tercer cielo y los pies de aquel hombre se convirtieron para mí en los pies de mi Señor. No quería soltarlo, cada vez me aferraba más y más, lloré esperando encontrar el abrazo paternal, una palabra que pudiera traer paz y consuelo, confirmando que no caminaba solo, El Espíritu Santo estaba conmigo.

Hemos pasado por alto un enemigo que esta incrustado en nuestro cuerpo y que no le percibimos cuando este hace cosas que nos puede llevar a desiertos, procesos y tribulaciones creadas por él mismo.

Que sencillo es mentirte y evadir la responsabilidad olvidar que fuimos llamados para provocar cambios de mentalidad en el lugar donde Dios nos ha establecido. Infinidad de veces arrastrados con dirección al infierno creyendo las mentiras lanzadas por el engañador y padre de mentira.

Olvidando que Dios nos ha posicionado como embajadores de su reino celestial aquí en la tierra, como representantes suyos, con una confianza delegada.

1 El Espíritu de Jehová el Señor está sobre mí, porque me ungió Jehová; me ha enviado a predicar buenas nuevas a los abatidos, a vendar a los quebrantados de corazón, a publicar libertad a los cautivos, y a los presos apertura de la cárcel;

2 a proclamar el año de la buena voluntad de Jehová, y el día de venganza del Dios nuestro; a consolar a todos los enlutados;

3 a ordenar que a los afligidos de Sion se les dé gloria en lugar de ceniza, óleo de gozo en lugar de luto, manto de alegría en lugar del espíritu angustiado.

Isaías 61:1-3a RV 1960

En el camino de la fe se encuentran dificultades, elige la consecuencia de tu dificultad, lo cierto es que nada es sencillo la diferencia es el resultado obtenido.

17 Porque esta leve tribulación momentánea produce en nosotros un cada vez más excelente y eterno peso de gloria;

18 no mirando nosotros las cosas que se ven, sino las que no se ven; pues las cosas que se ven son temporales, pero las que no se ven son eternas.

2 Corintios 4:17-18 RV 1960

Pablo decía que si hay algo en que gloriarse tendría que ser en sus tribulaciones, así que si hay algo en lo que puedo gloriarme no es en como Dios me usa, sino en que su gracia hoy me alcanza.

Pero no se alegren de que los espíritus malignos los obedezcan; alégrense porque sus nombres están escritos en el cielo.

Lucas 10:20 NTV

Podría compartirte demasiados testimonios personales del trato de Dios a mi vida para darme un crecimiento espiritual. Podría contarte las diferentes situaciones con hijos espirituales a quienes Dios me permitió abrazar y amar, quienes llegado el momento se convirtieron en mis verdugos, ahora sé que yo mismo puse en sus manos la daga.

Podría decirte que aun siervos de Dios que predican, enseñan, dan su vida por el evangelio y son usados en señales poderosas, también han sido usados para desatar ese enemigo interno que el Apóstol Pablo menciona en la carta a los cristianos que estaban en Roma, para llamarme en mi cara muerto de hambre, traidor y desleal. Cada uno de estos calificativos vale la gloria de Dios que me impulsa a enfocarme en mi llamado, permanecer para alcanzar las promesas de Dios en mi vida, familia y ministerio. Te invito a que hoy demos gracias a Dios por cada uno de ellos que se permitieron ser usados como maestros en nuestras vidas porque nos impulsaron a dirigirnos a donde no nos creíamos preparados para ir.

2 Y reposará sobre él el Espíritu de Jehová; espíritu de sabiduría y de inteligencia, espíritu de consejo y de poder, espíritu de conocimiento y de temor de Jehová.
3 Y le hará entender diligente en el temor de Jehová. No juzgará según la vista de sus ojos, ni argüirá por lo que oigan sus oídos;
Isaías 11:2-3 RV 1960

Regularmente vemos y nos victimizamos en el daño que nos hacen, pero no somos capaces de reconocer el daño que hacemos a otras personas que al igual confían en nosotros porque se supone que somos diferentes, que hemos sido lavados con la sangre preciosa del cordero y que a través de nuestra vida reflejamos a Jesús.

Santiago menciona que una de las cosas importantes del hombre que ha tenido un encuentro personal con Dios es no dejarse influenciar por la maldad del mundo. De hecho versículos anteriores es muy claro advirtiéndonos del grave peligro que corremos.

19 Recuerden esto, estimados hermanos: estén más dispuestos a escuchar que a hablar. No se enojen fácilmente.

₂₀ El que vive enojado no puede vivir como Dios manda.

₂₁ Por eso, dejen toda esa mala conducta y todo el mal que tanto los rodean, y acepten con humildad el mensaje que Dios ha puesto en cada uno de ustedes. Ese mensaje tiene el poder de salvarlos.

Santiago 1:19-21 PDT

Cuando a Jesús le fue puesta una corona de espinas que atravesaba parte de su craneo, jamás levantó una palabra de maldición para hacer daño a quienes le estaban lastimando, jamás pronuncio palabra alguna cuando le arrancaban sin misericordia la barba a jalones, jamás ordenó a sus ángeles que vinieran en su rescate cuando le estaban azotando como pago por nuestro rescate, las Escrituras mencionan que como cordero fue al matadero y no abrió su boca.

¿Qué hubiera pasado si Jesús hubiese abierto su boca?

¿Qué hubiera pasado si en ese momento de angustia en vez de dejar pasar el trago amargo de esa copa hubiese ordenado a una legión de ángeles que le defendieran? Hoy entiendo que el plan de redención se hubiera comprometido y que lo que hoy disfrutamos gracias a su sacrificio no existiría.

13 Hermanos, yo mismo no pretendo haberlo ya alcanzado; pero una cosa hago: olvidando ciertamente lo que queda atrás, y extendiéndome a lo que está delante,
14 prosigo a la meta, al premio del supremo llamamiento de Dios en Cristo Jesús.
Filipenses 3:13-14 RV 1960

Pablo cuidaba demasiado lo que hablaba, estoy consciente que como humano muchas veces se vio rebasado por situaciones que lo superaban pero aun así se mantuvo con la cordura que el Espíritu Santo le daba, su dirección fue tan importante que incluso fue el único apóstol que desafío a sus oyentes a que imitaran su fe. Pablo nos invita a tener una conducta diferente a la del mundo, a tener una mentalidad de reino.

No imiten las conductas ni las costumbres de este mundo, más bien dejen que Dios los transforme en personas nuevas al cambiarles la manera de pensar. Entonces aprenderán a conocer la voluntad de Dios para ustedes, la cual es buena, agradable y perfecta.
Romanos 12:2 NTV

En el libro la Ciencia de la Oración escrito por el evangelista Yiye Avila dentro de las anécdotas compartidas menciona que una vez se le acercaron dos hombres y le preguntaron:

¿Qué obtienes orando a Dios regularmente?

El respondió:

Generalmente no gano nada sino que pierdo cosas:

* El orgullo.
* La arrogancia.
* La codicia.
* La envidia.
* Mí ira.
* La lujuria.
* El placer de mentir.
* El gusto por el pecado.
* La impaciencia.
* La desesperación.
* El desánimo.

A veces oramos, no para ganar algo sino para perder cosas que no nos permiten crecer espiritualmente. La oración educa, fortalece y sana, la oración es el canal que nos conecta directamente con Dios.

¿Quieres ver los Cielos Abiertos?

lleva cautivo a ese enemigo incrustado en tu ser, llévalo a la cruz y permite que el Espíritu Santo sea quien lo controle y domine. Al final verás la recompensa y sabrás que ha valido la gloria de Dios. Sé valiente y esfuérzate, si te decides, Dios enviará ángeles a tu cuidado y cualquier cosa que pidas te será concedida.

Acontecerá en aquel tiempo que su carga será quitada de tu hombro, y su yugo de tu cerviz, y el yugo se pudrirá a causa de la unción.

Isaías 10:27 RV 1960

Capítulo 11
DAÑO COLATERAL
ANDARÁN DOS JUNTOS SI NO ESTÁN DE ACUERDO

Nuestra lucha no es contra seres humanos, sino contra gobernantes, contra autoridades, contra poderes de este mundo oscuro y contra fuerzas espirituales malignas del cielo.
Efesios 6:12 PDT

Alguna vez haz perdido tu relación con alguna amistad o un ser amado ¿Qué fue lo que provocó esa ruptura? ¿Qué aprendiste de la etapa que tuviste que atravesar después de lo sucedido? ¿Estas feliz con el resultado?

Hacernos de manera personal estas preguntas permite que cada vez que nos enfrentamos a situaciones complicadas en las relaciones con aquellos que son parte de nuestra vida e historia, nadie puede negarlo. Judas en la carta que escribió expreso "me es necesario escribir acerca de esto".

Para fortalecer una amistad es necesario invertirle tiempo, meses, años y porque no decir toda una vida. Pero ¡qué increíble! para perderla se necesita un error, una omisión, un acto no meditado, las separaciones pueden ser violentas y demasiado rápidas por diferencias de pensamiento, decisiones, posturas ideológicas, caprichos, rencores y heridas ocultas no expresadas por que no te quieres responsabilizar de las consecuencias y no te gusta que nadie te diga tus fallas, evidencie tus errores cometidos que han lastimado a otras personas, tu notas el cambio de actitud, su manera de saludarte, de reaccionar a tu presencia y tus palabras pero tú prefieres evadir como si el tiempo lo arreglará. Lo cierto es que en lo oculto esta creciendo un sentimiento de rencor, odio, malicia, deseos de venganza, indiferencia, maldiciones mentales, criticas, chismes, murmuraciones, difamaciones disfrazadas de comentarios para poner en oración.

La carta a los Romanos nos dice lo siguiente:

16 Vivan en armonía unos con otros. No sean tan orgullosos como para no disfrutar de la compañía de la gente común. ¡Y no piensen que lo saben todo!

17 Nunca devuelvan a nadie mal por mal. Compórtense de tal manera que todo el mundo vea que ustedes son personas honradas.
18 Hagan todo lo posible por vivir en paz con todos.
Romanos 12:16-18 NTV

Las Escrituras nos advierten y nos exhortan la manera en como debemos llevar nuestra vida cristiana:

    a) Vivir en Armonía unos con otros.
    b) Evitar el orgullo.
    c) Disfrutar de la compañía de los que nos rodean.
    d) Evitar envanecernos.
    e) Evitar devolver mal por mal.
    f) Perdonar hasta 70 veces siete.

No llevar una disciplina de oración, ayuno, meditación en la Palabra y congregarse disciplinadamente es darle facilidad a nuestra naturaleza caída de surgir de lo mas profundo del ser a quien ha estado sometida bajo el poder del Espíritu Santo.

¿Cuántas veces nos molestamos cuando se nos dice que tenemos que hacer morir a nuestro viejo hombre? o bien qué quitemos el prepucio de nuestro corazón, pensamos que estamos bien y nos confiamos en algunas manifestaciones divinas en las cuales nos apoyamos las cuales solo demuestran que Dios esta con nosotros. Estoy hablando del hablar en lenguas, sanar enfermos, liberar endemoniados, tener sueños o visiones, todo eso son regalos que a Dios le ha placido entregarnos para fortalecer nuestra fe, nadie esta en conflicto con eso pero a veces le damos mas importancia a los dones que dejamos a un lado nuestra vida espiritual descuidándola terriblemente . El problema no está en todo lo que el Señor nos entrega, la dificultad se encuentra principalmente en como llevamos a la práctica, en nuestro día a día todo aquello que se nos ha confiado.

En mi experiencia he visto como Dios usa a personas y se sienten super espirituales, super dotados, super ungidos o que solo ellos son dignos de revelaciones. Esto ha generado que hombres y mujeres de Dios caigan fácilmente en la trampa del enemigo haciéndoles creer que son necesarios e indispensables y por si fuese poco les hace sentir que son irremplazables.
Te recuerdo algo:
¡Dios jamás compartirá su Gloria con nadie!

Es por esa razón que me es necesario escribir acerca del daño Colateral que se produce cuando un cristiano que ha sido usado poderosamente por Dios ahora se encuentra alejado de su asignación, llamado y propósito que Dios le otorgó, habiendo descuidado su posición que tenía gran relevancia en el reino de Dios.

Todo tiene una Raíz

Cuando observamos un accidente vemos los daños lamentables que se producen, las afectaciones aveces son irreparables: Vidas de por medio, bienes materiales perdidos por completo, afectaciones a terceros que ni siquiera tenían la culpa pero se encontraron desafortunadamente en el lugar y la hora incorrecta. Siempre que me ha tocado ver un accidente regularmente veo agentes de transito, aseguradoras y ambulancias quienes se hacen cargo de los daños. Por su parte los oficiales de transito realizaran junto con la aseguradora las investigaciones correspondientes para descubrir las causas que originaron dicho accidente. La mayoría de los accidentes se han producido por descuido, otros por haberse dormido al volante, y los menos comunes por fallas mecánicas. El porcentaje más alto lo encontramos en el descuido y el haberse dormido.

Si esto lo analizamos surgen las siguientes preguntas ¿por qué se descuidó? ¿Qué era más importante en el momento, que merecía su atención y desvío su vista del camino? es tal la necesidad de llegar a un destino que conducimos cansados, agobiados, apresurados, con estrés, con hambre, sin experiencia, con miedo y no me refiero precisamente a conducir un auto.

Así como podemos encontrar las causas que originaron el accidente, también en nuestra vida podremos encontrar las causas que originaron el rompimiento de relaciones laborales, amistad, noviazgo, maritales y aquellas del ámbito espiritual entre hermanos, liderazgo y pastores hasta llegar incluso con los mismos mentores o hijos espirituales, finalmente el romper tu relación con el Padre, Hijo y Espíritu Santo.

19 Mis amados hermanos, quiero que entiendan lo siguiente: todos ustedes deben ser **rápidos para escuchar, lentos para hablar y lentos para enojarse.**

₂₀ **El enojo** humano **no produce la rectitud que Dios desea**.

₂₁ Así que quiten de su vida todo lo malo y lo sucio, y acepten con humildad la palabra que Dios les ha sembrado en el corazón, porque tiene el poder para salvar su alma.

Santiago 1:19-21 NTV

El Apóstol Santiago nos dice que debemos ser:

1) Rápidos para escuchar.
2) Lentos para hablar.
3) Lentos para enojarnos

Con base a la cita anterior ¿estás preparado para asumir las consecuencias de tus reacciones cuando estás bajo la emoción de la ira, en una condición de frustración, cuando no se te ha reconocido ni afirmado por quienes tú consideras que debieran hacerlo padres, mentores, pareja, hijos, amigos, maestros, jefes?

Ninguno se crea mejor de lo que realmente es. Sean realistas al evaluarse a ustedes mismos, háganlo según la medida de fe que Dios les haya dado.

Romanos 12:3b NTV

Peligros de considerarnos mejores de lo que realmente somos.

1. Dejamos de ver y escuchar objetivamente.
2. Nadie es digno de reprenderme.
3. No acepto contradicciones a mis argumentos.
4. No hay quien tenga la autoridad espiritual para corregirme.
5. Nadie me puede direccionar solamente Dios.
6. No respeto autoridades en cualquier ámbito.
7. Si no se hacen las cosas como yo quiero no participo.
8. El YO: creó, pensé, sentí, me dijeron, supongo que es así, Dios me habló, tuve una revelación, soñé que...

16 Vivan en armonía unos con otros. No sean tan orgullosos como para no disfrutar de la compañía de la gente común. ¡Y no piensen que lo saben todo!
17 Nunca devuelvan a nadie mal por mal. Compórtense de tal manera que todo el mundo vea que ustedes son personas honradas.
18 Hagan todo lo posible por vivir en paz con todos.
Romanos 12:16-18 NTV

Daños Colaterales:

A. Afectamos a quienes amamos un tropiezo nuestro afecta la caída de ellos.
B. Me tomo el veneno de la crítica, murmuración, mentira, engaño, falsa espiritualidad; esperando que muera quien ha sido objeto de todo esto, sin darme cuenta que el que ha ido perdiendo el primer amor, el enfoque y pasión por la presencia de Dios he sido YO.
C. Perdida de llamado, asignación, posición y propósito se ponen en riesgo.

La generación que salió de Egipto, contaban con la promesa de la tierra prometida pero a causa de su rebeldía y necedad murieron en el desierto, solo Caleb y Josué pudieron ser parte de la promesa y los hijos de los que murieron en el desierto.

15 Cuídense unos a otros, para que ninguno de ustedes deje de recibir la gracia de Dios. Tengan cuidado de que no brote ninguna raíz venenosa de amargura, la cual los trastorne a ustedes y envenene a muchos.

Hebreos 12:15 NTV

Las guerras pueden tener múltiples causas y raíces:

1. Conflictos internos.
2. Rivalidad y competencia.

3. Deseos de poder y control.
4. Diferencias ideológicas y culturales.
5. Violencia y agresión.

Como podemos caminar juntos y vivir en Cristo con el Poder del Acuerdo:

A) Tomando como base la iglesia primitiva el tener en común, la misma fe, el amor y la esperanza.
B) Abrazando las palabras que el Apóstol Pablo escribió a los cristianos que se encontraban en Roma "ninguno se crea mejor de lo que realmente es. Sean realistas al evaluarse a ustedes mismos, háganlo según la medida de fe que Dios les haya dado".
C) Citando aquel consejo que Pablo le dió a su hijo espiritual Timoteo: "predica la palabra de Dios. Mantente preparado, sea o no el tiempo oportuno. Corrige, reprende y anima a tu gente con paciencia y buena enseñanza". 1 Timoteo 4:2 NTV

¿Haz llevado cargando a alguien en tus rodillas? Como padre Dios me ha enseñado a perdonar la adolescencia espiritual de mis hijos, pues Dios de la misma forma ha tratado conmigo brindándome oportunidad tras oportunidad cuando estoy convencido que no lo merecía a causa de mis actos, omisiones y decisiones erróneas, Dios con su ejemplo me lleva en su corazón y cuando estoy a punto de caer, con más fuerza me sostiene en sus brazos con la promesa que caminará con aquellos que rendimos nuestra vida a Él, su promesa sigue vigente. El Señor me muestra en su Palabra que el amor cubre multitud de faltas, es así como he podido llevar a otros en mis rodillas por ese amor que solo el Espíritu Santo puede producir por aquellos que en algún momento abrace, consolé y direccioné con su ejemplo.

7 Ustedes solían hacer esas cosas cuando su vida aún formaba parte de este mundo;

8 **pero ahora es el momento de eliminar el enojo, la furia, el comportamiento malicioso, la calumnia y el lenguaje sucio.**

9 No se mientan unos a otros, porque ustedes ya se han quitado la vieja naturaleza pecaminosa y todos sus actos perversos.

10 <u>Vístanse con la nueva naturaleza y se renovarán a medida que aprendan a conocer a su Creador **y se parezcan más a él.**</u>

Colosenses 3:7-10 NTV

Capítulo 12
DEEPFAKES
MENTIRAS PROFUNDAS

»Por lo tanto—dice el Señor—, estoy en contra de estos profetas que se roban mensajes el uno al otro y alegan que provienen de mí. Estoy en contra de estos profetas que con mucha labia dicen: "¡Esta profecía es del Señor!". Yo estoy contra estos falsos profetas. Sus sueños imaginarios son mentiras descaradas que llevan a mi pueblo a pecar. Yo no los envié ni los nombré, y no tienen ningún mensaje para mi pueblo. ¡Yo, el Señor, he hablado!
Jeremías 23:30-32 NTV

La nueva guerra de desinformación. Las Escrituras ya describen los deepfakes desde Génesis hasta Apocalipsis. Los sucesos contenidos en la Palabra que el pueblo de Dios no les da la importancia para este tiempo ha venido a otorgar poder a un enemigo vencido y exhibido públicamente en la Cruz. Tal vez el mundo esta acuñando este termino debido a que la herramienta principal que se usa es el audio y video modificado con el fin de hacer guerra sucia, pero también hoy el mundo poco a poco lo esta haciendo para realizar propaganda o publicidad de tal manera que no se tenga que invertir mucho.

Gracias al auge de los "deepfakes", nos damos cuenta que actualmente se realizan manipulaciones digitales de audio o video altamente realistas y difíciles de detectar, esto en otro tiempo hubiese sido imposible de lograr. Cada vez es más fácil presentar a alguien diciendo o haciendo algo que nunca dijo o hizo. Es probable que los medios para crear falsificaciones profundas proliferen rápidamente debido a que la mentira es una flecha mortal que viaja muy rápido.

La desinformación es un arte antiguo, desde el Edén nos podemos dar cuenta el uso de esta arma que el enemigo siempre ha usado.

¿Cómo nos impide la desinformación, la guerra sucia, el conocimiento de las verdades establecidas desde la creación del mundo hasta hoy?

Te preguntarás si formas parte de esta guerra sucia si tu eres una persona espiritual, consagrada, disciplinada en tus devocionales y tiempos con Dios.

Todos en la vida caemos en la trampa de los deepfakes consientes o no, lo que observamos, leemos, escuchamos ya sea a través de la música, redes sociales, televisión que manejan temas de actualidad pero sobre todo de interés social.

¿Cuales son las características del hombre regenerado?

De modo que si alguno está en Cristo, nueva criatura es; las cosas viejas pasaron; he aquí todas son hechas nuevas.
2 Corintios 5:17 RV 1960

Para que ocurra esto ¿qué tienes que hacer como persona?

No se si te ha pasado, pero hay temas en las conversaciones que te entristecen que cuando terminas la conversación terminas enojado, te sientes culpable porque lo que dijiste no era lo que en verdad querías decir. O en el mejor de los casos sabes que hiciste un juicio sobre alguien que a ti no te corresponde.

35 El que es bueno, de la bondad que atesora en el corazón saca el bien, pero el que es malo, de su maldad saca el mal.

36 Pero yo les digo que en el día del juicio todos tendrán que dar cuenta de toda palabra ociosa que hayan pronunciado.

37 Porque por tus palabras se te declarará inocente y por tus palabras se te condenará».

Mateo 12:35-37 NVI

Una vez leído lo anterior cobra relevancia el tomar acuerdos con las personas que nos rodean pareja, familia, amigos, compañeros de trabajo, vecinos que hay temas que no serán motivo de conversación entre tu y ellos por el auto respeto que te tienes a partir de que comienzas a conocer a Dios a través de las Escrituras. Librándote de participar en situaciones que pueden comprometerte con una opinión y/o con un gesto de aprobación.

Cuando Dios nos habla para advertirnos sobre algún peligro jamás nos llevará a desenfocarnos, tampoco nos orillará a dejar nuestra posición y más en esos momentos en donde el enemigo esta buscando que lo hagamos.

La Importancia de nuestras palabras y la sabiduría de nuestro silencio.

En las palabras del que habla mucho, seguramente encontrarás pecado; el sabio sabe cuando callar.
Proverbios 10:19 NVB

Una vez que ya determinamos el tipo de conversaciones que no tendremos, podemos afirmar que hay un anhelo de la sabiduría que proviene de Dios, porque somos capaces de elegir no conversar sobre los temas que tú y yo no podemos solucionar y que por más que oremos no podremos cambiar.

Ciertamente quiero decir que estamos en este mundo, más no pertenecemos a este mundo.

El peligro de caer en los deepfakes

Laura es una mujer acusada de haber robado un niño, la gente que era parte de una colonia en el Estado de México, pusieron fotos de la presunta en todo el barrio en donde había sucedido tal evento. Hubo quien vio a una mujer que se parecía a la mujer descrita en la foto cuyos rasgos eran parecidos a los de Laura, y comenzaron a amotinarse hasta atraparla, la amarraron y le prendieron fuego, cuando la policía hizo las investigaciones correspondientes se dieron cuenta que Laura no era la persona que estaban buscando, se habían equivocado de persona el parecido era muy cercano al de la verdadera mujer que había cometido el robo pero ya era demasiado tarde, habían matado a una mujer siendo inocente.

Retomando el caso anterior si en lo social, este tipo de participaciones tiene perdidas irreparables ¿que consecuencias vendrán en lo espiritual cuando nos hacemos participes de lo que otros afirman, creen o piensan sin fundamentos, sin ser verdad, sin examinar la fuente de donde viene la información.

Consecuencias de los deepfakes

A) Abrazar o ser parte de heridas abiertas que se sienten lastimados y que no han tenido el valor de confrontar su propio dolor.
B) Nos perdemos de la oportunidad de conocer por cuenta propia a personas que pueden ser valiosas.
C) En el área espiritual emitimos juicios que se vuelven legalidades en nuestra contra sin darnos cuenta.
D) Corremos el riesgo de ser reprobados, confrontados y avergonzados.

E) Nos aparta de la compañía de aquellos que amamos, nuestro alma se divide y experimentamos dolor, duda, tristeza, culpa, generando preguntas a las que nunca tendremos respuesta.

Red Flags / Banderas Rojas

- Ya vi como te rechazaron, a mi también me hizo lo mismo. Así es para que lo conozcas.
- No te esfuerces tanto para que no te vayas a cansar.
- Yo al igual que tú, antes participaba en todo. Pero como vi que no lo agradecen, entonces me quede en la banca.
- Siempre que me he enfermado, hasta ahora nadie de la iglesia incluyendo a mis pastores me han visitado, ni una llamada me merezco para saber que les importo.
- No te haz fijado que para todo están pidiendo dinero. Como si uno tuviera el dinero del mundo.
- Yo puedo hacer mejor las cosas que hace mi líder, pero hasta ahora no me han brindado la oportunidad de demostrar mi valía.
- Dios me dijo… Dios me mostró… Dios me reveló… Dios me confirmó…

- En la iglesia ya se sabe quienes son los preferidos de nuestros pastores. No se necesita que lo divulguen solo observa.
- Tengo tantos años en la iglesia y nunca me han permitido ocupar ese lugar que le acaban de dar a mi hermano que va llegando. Ese lugar era mío.

Pablo nos exhorta diciéndonos la importancia de tener cuidado en lo que enseñamos a otros:

Ten mucho cuidado de cómo vives y de lo que enseñas. Mantente firme en lo que es correcto por el bien de tu propia salvación y la de quienes te oyen.
1 Timoteo 4:16 NTV

Este pasaje nos recuerda que la enseñanza es un ministerio muy serio y que debemos ser conscientes de las consecuencias de nuestras palabras y acciones. Esta responsabilidad nos pone en peligro de cruzar una línea tan complicada al enseñar algo que no es de Dios o en peor de los casos enseñar con malas intensiones.

Green Flags / Banderas Verdes

Una persona con Green Flags es una persona sabia, prudente, honesta, transparente, integra con dominio propio, una persona que participa con la madurez de su edad tanto en lo natural como en lo espiritual.

* Respeta a las personas con y sin autoridad.
* Se sujeta al orden establecido por Dios.
* Es Integra, su vida dentro y fuera de casa es verdadera.
* Siempre tiene una palabra de aliento, desafío, corrección y dirección fundamentado en la Palabra y el amor de Dios.
* Inspira a otros con su ejemplo.
* Motiva a llevar una vida de Fe y que esta no tiene limites.
* Es una persona confiable.
* Es una persona congruente tanto en palabras como en sus acciones.
* Es una persona responsable.

11 Encarga y enseña estas cosas.
12 Que nadie te menosprecie por ser joven. Al contrario, que los creyentes vean en ti un ejemplo a seguir en la manera de hablar, en la conducta, en amor, fe y pureza.

1 Timoteo 4:11-12 NVI

El hecho de incluir los deepfakes en este libro es por las diversas implicaciones, ademas es algo que esta tan relacionado con nuestro diario vivir en Cristo que nos vemos afectados cuando no permitimos al Espíritu Santo su guía y dirección.

¿Cómo vives tu vida cristiana? ¿Que hábitos tienes que fortalezcan tu fe?

Vive cada día como si fuese el último de tú existencia, pero vívelo en la libertad que Cristo pago y te entregó al morir en la cruz del calvario.

Sátanas uso las deepfakes para apresar a Jesús, trajo testigos falsos para asegurar su muerte, al final Dios usó todo eso para revertirlo y traer una victoria poderosa. Así que todo lo que este pasando en tu vida tiene el propósito de llevarte a la victoria más grande que Dios te ha preparado.

Mantén tu posición, no la descuides, al final verás que Dios peleará por ti y en el campo de batalla entenderás que no es con fuerza ni con ejércitos, solo es con su Santo Espíritu.

Te bendigo en el poderoso nombre de Jesús.

Capítulo 13
EMERGENCIA
DISEÑO ORIGINAL EN RIESGO

«Antes de formarte en el vientre, ya te había elegido; antes de que nacieras, ya te había apartado; te había nombrado profeta para las naciones».
Jeremías 1:5 NVI

Quiero iniciar este capítulo con una frase que en una ocasión escuche a un hombre de Dios decir: **"Lo que sucede en el mundo espiritual, pasa en el mundo físico"**.

Dios siempre tiene cuidado de todos sus hijos, cada persona que le acepta como Padre recibe su amor incondicional. Todas las faltas le son perdonadas pues Dios es Misericordioso y su Palabra nos afirma que al ponernos a cuentas Él tomará nuestros pecados y los echará por sus espaldas al fondo del mar y se olvida de nuestras faltas pasadas.

Yo deshice como una nube tus rebeliones, y como niebla tus pecados; vuélvete a mí, porque yo te redimí.
Isaías 44:22 RV 1960

Ahora nos brinda la oportunidad de caminar en un nuevo comienzo, y con ello nos ofrece un nuevo horizonte de oportunidades en Cristo.

Diseño Original

11 **Así dice Jehová**, el Santo de Israel, y su Formador: Preguntadme de las cosas por venir; mandadme acerca de mis hijos, y acerca de la obra de mis manos.
12 Yo hice la tierra, y creé sobre ella al hombre. Yo, mis manos, extendieron los cielos, y a todo su ejército mandé.
13 Yo lo desperté en justicia, y enderezaré todos sus caminos; él edificará mi ciudad, y soltará mis cautivos, no por precio ni por dones, dice Jehová de los ejércitos.
Isaías 45:11-13 RV 1960

"Yo Soy" describe una afirmación poderosa que nos conecta con el poder creador de Dios. Al usar estas nos palabras reconocemos nuestra existencia y afianzamos la conexión entre el creador y su creación (el hombre).

26 Entonces Dios dijo: «Hagamos a los seres humanos a nuestra imagen, para que sean como nosotros. Ellos reinarán sobre los peces del mar, las aves del cielo, los animales domésticos, todos los animales salvajes de la tierra y los animales pequeños que corren por el suelo».
27 Así que Dios creó a los seres humanos a su propia imagen.

> A imagen de Dios los creó;
> hombre y mujer los creó.

28 Luego Dios los bendijo con las siguientes palabras: «Sean fructíferos y multiplíquense. Llenen la tierra y gobiernen sobre ella. Reinen sobre los peces del mar, las aves del cielo y todos los animales que corren por el suelo».

Génesis 1:26-27 NTV

El Diseño original de Dios para con los seres humanos fue perfecto, las promesas que pesaban sobre sus hombros era señorear sobre la creación y gobernar sobre ella. Dios nos bendigo con toda bendición y no escatimó nada para que lleváramos una vida llena de bendiciones acompañada del favor y la gracia del Padre, Hijo y Espíritu Santo.

Porque **así dijo Jehová**, que creó los cielos; él es Dios, el que formó la tierra, el que la hizo y la compuso; no la creó en vano, para que fuese habitada la creó: Yo soy Jehová, y no hay otro.
Isaías 45:18 RV 1960

En el Diseño original de Dios en su corazón estaba el anhelo que disfrutáramos de todas aquellas cosas que preparó desde el principio, nuestra única tarea era cuidar, proteger y multiplicar aquello que se nos había confiado.

El poder de la vida esta en tu lengua

La muerte y la vida están en poder de la lengua, y el que la ama comerá de sus frutos.
Proverbios 18:21 RV 1960

Caminar bajo una promesa que me fue dada es complicado, Dios me habla en Habacuc 2 que cuando se entregan visiones, sueños y promesas debemos escribirlas en tablas para que todo aquel que la lea corra juntamente con el que se le dió. En mi caminar, quienes han sido parte de la visión que Dios me ha encomendado la conocen perfectamente y a pesar de tiempos difíciles en donde la barca es sacudida con violencia, por alguna razón esas promesas continuan fortaleciéndose cada día más. El profeta Habacuc me motiva a seguir adelante pues dice que si Dios la entregó sin duda tiene fecha de cumplimiento. Hay una gran cantidad de siervos y siervas a las que se les han dado promesas, pero con la promesa viene el proceso que puede causar desanimo, cansancio, incredulidad y terminan por interrumpir el proceso de gestación de la promesa, a lo que en un embarazo llamaríamos aborto.

La Bendición del proceso

Mientras te encuentras en la espera de que el proceso termine se presentan situaciones inesperadas, perdidas (humanas, materiales, económicas, sociales, espirituales) para las que no estamos preparados y llegar a creer que ya no vendrá el cumplimiento de lo que Dios ha prometido.

El hecho de que Dios trate con aquellos que les confía planes, no quiere decir que todo va a estar bien, somos responsables de cuidar y proteger con nuestra vida misma esa Palabra que se nos fue entregada y que sin duda se cumplirá porque no fue el hombre quien la entregó, fue entregada desde el cielo. Todo proceso o prueba tiene un porque de parte de Dios, su fin siempre será perfeccionarnos y fortalecernos en las áreas que necesitamos en nuestra vida para poder llevar acabo con excelencia nuestro llamado.

La bendición real del proceso no consiste en la palabra dada sino a dónde nos conduce la promesa que nos fue entregada.

Habrá ocasiones en donde aparentemente Dios te dejará solo, pero esto solo demuestra que sus planes están próximos a cumplirse ¿por qué te lo digo? Siempre que esto sucede el Espíritu Santo me hace voltear a la cruz y ver a Jesús, él se sintió por un momento abandonado y solo, pero esto indicaba que la victoria por la que había venido a la tierra estaba a unos minutos de cumplirse.

Enamorarnos del proceso es la parte medular de todo cristiano porque gracias a él Dios limpia, sana, restaura, renueva, fortalece, crea las condiciones propicias para el cumplimiento de lo prometido a nuestras vidas.

Una promesa de Dios siempre:

A) Te conducirá a una mayor intimidad con Dios.
B) Te desafiará a cambiar actitudes incorrectas en tu llamado.
C) Cambiará tu manera de pensar y ver las cosas (toda inmadurez espiritual tendrá que eliminarse).
D) Modificará hábitos.
E) Te llevará a no pensar en ti mismo.
F) Te mantendrá con perfil bajo.

Promesas en Riesgo

Pero sin fe es imposible agradar a Dios; porque es necesario que el que se acerca a Dios crea que le hay, y que es galardonador de los que le buscan.
Hebreos 11:6 RV 1960

¿Qué hubiera pasado si Abraham no hace caso a la orden que Dios le dió de ofrecer a Isaac su único hijo en sacrificio? Dios estaba probando el corazón de aquel que después llamaría su amigo, pero antes de que esto pasara tendría que llevarlo al limite.

17 Por la fe Abraham, cuando fue probado, ofreció a Isaac; y el que había recibido las promesas ofrecía su unigénito,

18 habiéndosele dicho: En Isaac te será llamada descendencia;

19 pensando que Dios es poderoso para levantar aun de entre los muertos, de donde, en sentido figurado, también le volvió a recibir.

Hebreos 11:17-19 RV 1960

¿Cuántas promesas se hubieran detenido? ¿Cuántas promesas se hubieran interrumpido? ¿Cuántas generaciones habrían sido afectadas?

En la actualidad Dios continua hablando y entregando promesas. Una vez recibidas Dios nos lleva al límite y solo en nuestras decisiones les daremos vida o las abortaremos por no alinearnos al cumplimiento de sus promesas, a las condiciones que Él estableció para hacer la entrega que te serán reveladas en su presencia.

Toda visión tiene el respaldo y aprobación de Dios, él jamás tomara nuestras deficiencias o áreas de oportunidad como algo en lo que pueda impedir que esa asignación pueda llevarse a cabo. Al contrario,

Dios se glorificará aun en medio de nuestras debilidades.

Cuántos cantantes o artistas que hoy conocemos renunciaron con sus decisiones a su diseño original, a cambio de fama, fortuna y reconocimiento del mundo. En su momento conocieron a Dios y les fueron entregadas promesas en las cuales ya no caminaron, tú y yo desconocemos las causas o las situaciones que los orillaron a tomar esa decisión. Lo cierto de algo estoy seguro es que todos ellos se alejaron de la presencia de Dios. Si nos detenemos un poco a descubrir los patrones de cada uno, nos daremos cuenta que existen muchas coincidencias en las decisiones que tomaron para decidir alejarse por completo de Dios. Sueños fueron abortados, sin importar la palabra que Dios les haya dado, por más clara que esta haya sido. Podemos observar que satanás estuvo al pendiente para ofrecerles lo que tanto anhelaban en su corazón.

Como permanecer en el proceso hasta llegar al cumplimiento de la promesa

Las promesas de Dios se van a cumplir, de tí depende si las ves cumplirse en tu vida o las ves cumplirse en otras personas.

13 Hermanos, yo mismo no pretendo haberlo ya alcanzado; pero una cosa hago: olvidando ciertamente lo que queda atrás, y extendiéndome a lo que está delante,
14 prosigo a la meta, al premio del supremo llamamiento de Dios en Cristo Jesús.

Filipenses 3:13-14 RV 1960

Capítulo 14
DESICIONES / EL USO DE NUESTRO LIBRE ALBEDRIO
EL PELIGRO DE PERDERLO TODO

Al ver el Señor que la maldad del ser humano en la tierra era muy grande y que toda inclinación de su corazón tendía siempre hacia el mal,
lamentó haber hecho al ser humano en la tierra, y le dolió en el corazón.
Entonces el Señor dijo: «Voy a borrar de la superficie de la tierra al ser humano que he creado. Y haré lo mismo con los animales, los reptiles y las aves del cielo. ¡Me duele haberlos hecho!».
Génesis 6:5-7 NVI

No puedo imaginar el dolor que Dios tuvo cuando la maldad del ser humano se incremento. Quisiera ponerme en sus zapatos para poder experimentar ese sentimiento de decepción o tristeza cuando lo más amado que creó a su imagen y semejanza ahora se había pervertido y olvidado por completo de Él. Si uno de mis hijos tuviese los mismos comportamientos o actitudes que nos muestra Génesis 6, no sé que haría la verdad. Aparte de decepción y tristeza, creo que me culparía de los errores que el o ella cometiera. Sé que estaría aconsejándole e instándole a dejar su mal camino, pero al final de todo ello a pesar de mi molestia, tendría que dejarle por un tiempo para que se diese cuenta por si mismo de las consecuencias terribles de sus decisiones personales. Sé que las Escrituras me muestran a un Dios que es tardo para la ira y grande en misericordia, pero podemos observar a un Dios que esta molesto porque el pecado excedió su paciencia.

La Biblia no menciona que el hombre tuviese remordimientos a causa de su maldad, al contrarío dice que toda inclinación de su corazón tendía siempre hacia el mal. Inventaba nuevas formas para satisfacer sus deseos. Tal vez pienses que hoy la maldad esta en la misma dimensión, yo creo que esto no es correcto, hoy hemos rebasado los límites, y sátanas lo sabe, con sus estrategias de destrucción ha implementado un plan bien coordinado para hacer que el hombre se corrompa.

Jesús mencionó lo siguiente:

37 »Cuando el Hijo del Hombre regrese, será como en los días de Noé.

38 En esos días, antes del diluvio, la gente disfrutaba de banquetes, fiestas y casamientos, hasta el momento en que Noé entró en su barco.

39 La gente no se daba cuenta de lo que iba a suceder hasta que llegó el diluvio y arrasó con todos. Así será cuando venga el Hijo del Hombre.

Mateo 24:37-39 NTV

En los días de Noé no solo disfrutaban de banquetes, fiestas y casamientos. Sus celebraciones estaban corrompidas por la maldad, el pecado, la avaricia, la vanidad, la lujuria, la fornicación, el adulterio, hechicería, brujería, esa generación continuamente buscaba nuevas formas de satisfacer a su carne.

El versículo 39 de Mateo nos muestra información importante:

La gente no se daba cuenta de lo que iba a suceder hasta que llegó el diluvio y arrasó con todos. Así será cuando venga el Hijo del Hombre.

Mateo 24:39 NTV

El apóstol Pablo nos advierte del pago de toda mala decisión.

18 Pero Dios muestra su ira desde el cielo contra todos los que son pecadores y perversos, que detienen la verdad con su perversión.
19 Ellos conocen la verdad acerca de Dios, porque él se la ha hecho evidente.
20 Pues, desde la creación del mundo, todos han visto los cielos y la tierra. Por medio de todo lo que Dios hizo, ellos pueden ver a simple vista las cualidades invisibles de Dios: su poder eterno y su naturaleza divina. Así que no tienen ninguna excusa para no conocer a Dios.
21 Es cierto, ellos conocieron a Dios pero no quisieron adorarlo como Dios ni darle gracias. En cambio, comenzaron a inventar ideas necias sobre Dios. Como resultado, la mente les quedó en oscuridad y confusión.

Romanos 1:18-21 NTV

Dios no esta dispuesto a soportar ver como su creación continua perdiéndose y sin ningún anhelo de querer cambiar. Es cierto, Dios nos dió libre albedrío y el hombre es responsable de manera personal de cada una de sus decisiones. Dios siempre se presentará en un momento de nuestra vida y nos dará la oportunidad de escoger por nosotros mismos el camino que creeremos que es el mejor y con base a esa decisión nuestro futuro se verá afectado ya sea en bendición o en maldición, esto dependerá de nosotros. Nuestras decisiones trascenderán aun en lo espiritual y resonará en la eternidad.

Hoy les estoy dando a escoger entre bendición y maldición.
Deuteronomio 11:26 PDT

El apóstol Pablo recalca que el ser humano conoce a Dios.

"Ellos conocen la verdad acerca de Dios, porque él se la ha hecho evidente".

Esto me recuerda un TikTok que ví, estaban entrevistando a una señora porque argumentaba que el hombre conoce la verdad, el problema del hombre es que insiste en decir que esta en ignorancia lo cual no es cierto.

Recordemos que somos seres espirituales, fuimos diseñados con una parte en nuestro ser que siempre intentará tener comunicación con su creador. El enemigo tratará de interponerse y mostrarse como el que verdaderamente esta dispuesto a escucharnos mostrarnos una vida con facilidades y entregarnos las cosas que Dios por alguna razón no quiere darnos.

Sátanas tiene como objetivo que la ira de Dios caiga sobre el hombre, esto le dará ventaja, sabe perfectamente que una vez que Dios rechace al hombre por su pecado (aclaro, esto no quiere decir que no le ame, no, simplemente tiene que abandonarlo porque Dios es Santo y no puede tener una relación a fuerzas con alguien que verdaderamente no la desee) este caminará solo sin ninguna protección y garantía que pueda ser el salvoconducto para garantizarle una vida de éxito.

El hombre esta consciente de que Dio existe, evita lo más que puede el no encontrase con Él, sabe que si se tiene un encuentro personal, su vida cambiará en sus Actitudes, comportamientos, lenguaje, amistades y costumbres, por mencionar algunas de ellas.

La carta a los cristianos que estaban en Roma dice claramente:

"Ellos pueden ver a simple vista las cualidades invisibles de Dios: su poder eterno y su naturaleza divina. Así que no tienen ninguna excusa para no conocer a Dios".

Romanos 1:20b NTV

¿Crees que en los tiempos de Noé, el hombre desconocía o no había escuchado de Dios?

El hombre estaba consciente de su existencia, pero su inclinación al mal provocaba que Dios no se manifestara a ellos.

Ningún padre o madre al ver que su hijo se ha perdido en las drogas o en algún vicio está contento al saber que en cualquier momento puede morir. Sea a través de enfermedad u otra situación el padre sabe que si no hace algo por él puede perderlo para siempre. Si esto lo hacemos humanamente, imagínate lo que Dios hace constantemente por nosotros.

Las Escrituras nos dicen que Dios pasa por alto la ignorancia de todos nosotros para brindarnos una nueva oportunidad a través del sacrificio que Jesús hizo en la cruz.

En la antigüedad Dios pasó por alto la ignorancia de la gente acerca de estas cosas, pero ahora él manda que todo el mundo en todas partes se arrepienta de sus pecados y vuelva a él.

Hechos 17:30 NTV

El peligro de perderlo todo, esta fundamentado en nuestras decisiones. No puedes ignorar que la paga del pecado es muerte, tampoco que de Dios puedes burlarte. Sea hoy o mañana, si no nos arrepentimos un día estaremos delante de Él, cara a cara, queramos o no, las Escrituras nos señalan que todos estaremos ante Él. Nuestro libro personal de vida se abrirá delante de Él y todos los testigos que estén allí verán la justicia de Dios ejercida en ese momento sobre nosotros, no habrá excusa nadie podrá justificarse ni evadir las consecuencias de nuestras decisiones, nadie podrá abogar en esos momentos porque el dictamen estará listo en base a las decisiones y acciones que tomemos en vida.

Vi a los muertos, tanto grandes como pequeños, de pie delante del trono de Dios. Los libros fueron abiertos, entre ellos el libro de la vida. A los muertos se les juzgó de acuerdo a las cosas que habían hecho, según lo que estaba escrito en los libros.
Apocalipsis 20:12 NTV
El peligro de perderlo todo nos lleva considerar aquellas decisiones que nos movieron por un

momento a disfrutar de cosas temporales, aquellas que sedujeron nuestra naturaleza caída para hacerla feliz por un breve momento.

¿De qué nos sirve deleitar a nuestra carne, cuando nuestra alma esta corrompida y llena de maldad?
¿Esaú cambio la bendición que le pertenecía por un simple plato de lentejas? ¿Acaso tus promesas y bendiciones están comprometidas?

Un adicto disfruta en el momento la sensación que le brinda determinada droga, esta consciente que puede morir o sufrir algún daño si se mantiene alimentando su cuerpo de esa forma. Un fornicario o adultero, esta consciente que puede adquirir alguna enfermedad venérea. Nadie es ignorante de las consecuencias o riesgos que existen cuando tomamos decisiones, deseamos continuar así a pesar de lo que pase. Tal vez llegue a nuestra mente el pensamiento: "Si ellos lo hacen y no les pasa nada, correré el riesgo".

El hombre no dimensiona que las consecuencias de sus actos afectan a toda la familia, la venda en sus ojos le hacen pensar solo en él y nada más en él, no se da cuenta que pone en una situación muy difícil el futuro de la misma, afectándoles con maldiciones sobre ellos por causa de esas decisiones. Nuestras decisiones no solo estarán ligadas con los bienes materiales o familia, pondrán en riesgo aun nuestra vida.

"¿Acaso piensan que me agrada ver morir a los perversos? pregunta el Señor Soberano. ¡Claro que no! Mi deseo es que se aparten de su conducta perversa y vivan".
Ezequiel 18:23 NTV

Estoy convencido que Dios nos esta brindando una oportunidad única en estos días que son malos. Él anhela que podamos ver el peligro que se avecina debido a que son muchas las señales que apuntan y nos dicen que Dios nos esta llamando. Si decidimos bien tal vez tendremos tiempo de corregir errores que hemos cometido a lo largo de nuestra vida.

Imagínate que estás frente al mar, y de pronto observas que hay diferentes tipos de banderas de alertas. Por lo menos encontrarás tres:

Verde (Seguridad), anuncia que puedes bañarte sin ningún peligro.
Amarilla (Precaución), puedes meterte al mar pero con precaución.

Roja (Prohibido), esta bandera prohíbe que estés en el agua, las condiciones no son las aconsejables o existe peligro.

Las tres banderas las encuentras a lo largo de toda la Escritura, Dios las ha puesto para nuestra seguridad. De nosotros dependerá hacer caso o no a las indicaciones que se nos están dando para llevar una vida en Cristo plena.

Lo que la Escritura nos muestra es una advertencia de lo que puede sucedernos si llevamos una vida sin tomar en cuenta las banderas amarillas y rojas que se nos están presentando ante ese mar turbulento y peligroso. Corremos el riesgo de perder más de lo que nos imaginamos cuando aún estando conscientes del peligro insistimos en adentrarnos en ese mar que puede arrastrarnos con la fuerza de sus olas. No se trata de hacernos super héroes, desafiar el mar cuando se nos esta advirtiendo de los peligros a los que nos podemos enfrentar, así que nuestras decisiones afectarán el rumbo de nuestra vida para bien o para mal.

Sé consciente que hay hombres que solo observan que pasen las cosas, pero existen otros que no se conforman, ellos hacen que las cosas sucedan. Provoca una ola de bendición sobre tu vida, familia y ministerio, sé asertivo tomando decisiones de bendición que trasciendan hasta mil generaciones.

¿Qué hacer ante una decisión?

* Pararnos frente a ella e imaginar los dos escenarios. Consecuencias si lo hago, y Consecuencias si no lo hago. Las dos traerán consecuencias, elige tu dificultad.
* Pregúntate ¿Qué haría Jesús?
* Si no tienes oportunidad de elegir antes y en el momento te das cuenta que no quieres equivocarte considera 1 Pedro 5:7.
* El prudente ve el peligro y lo evita; el imprudente sigue adelante y sufre el daño Proverbios 22:3.
* La oración siempre será efectiva cuando estes atravesando el valle de la decisión Jeremías 33:3.
* Responsabilizarte de las consecuencias de tú decisión. Ley de la siembra y la cosecha Gálatas 6:7-8.

Capítulo 15
EL *ESPÍRITU DE JEZABEL*
CONTROL - ATAQUE
¡SÁLVESE QUIEN PUEDA!

*Pero tengo unas pocas cosas contra ti: que toleras que esa mujer **Jezabel**, que se dice profetisa, **enseñe** y **seduzca** a mis siervos a fornicar y a comer cosas sacrificadas a los ídolos. Y le he dado tiempo para que se arrepienta, pero no quiere arrepentirse de su fornicación. He aquí, yo la arrojo en cama, y en gran tribulación a los que con ella adulteran, si no se arrepienten de las obras de ella. Y a sus hijos heriré de muerte, y todas las iglesias sabrán que yo soy el que escudriña la mente y el corazón; y os daré a cada uno según vuestras obras.*
Apocalipsis 2:20-23 RV1960

No existe nada más terrible que ser seducidos y arrastrados a fornicar contra aquel que nos llamó. El espíritu de Jezabel se ha establecido dentro de la iglesia con el propósito de derribar hombres y mujeres de Dios en autoridad a través del control y el ataque. Sus estrategias, así como en la antigüedad son las mismas de hoy. Este espíritu levanta decretos de muerte, maldice, intimida, seduce e inactiva unciones, bloqueando con sus armas todo poder que pueda afectar su agenda. Su objetivo será anteponerse a los planes de Dios. Es capaz de asesinar sueños, visiones, llamados, asignaciones y eliminar propósitos. Nunca atacará de frente, siempre buscará el momento oportuno para lanzar sus dardos venenosos, atacará en lo oculto y siempre estará a la sombra para no ser descubierto. Su fortaleza principal es provocar el miedo, la intimidación y la duda. De allí se desprende toda inseguridad en Dios, toda falta de identidad y fe.

¿Cómo opera este espíritu?

- A través de decretos de muerte.
- Intimidación por medio de la mentira y el engaño.
- Trabaja en lo oculto, no es visible camuflajeandose para pasar desapercibido.
- Su objetivo son los ungidos.
- Es Seductor, tanto en lo material como en lo sexual.
- Tiene como tarea establecer idolatría en el corazón de aquellos que han sido alcanzados con sus garras.

- Es agresivo, irá directo por aquel o aquellos que amenazan con su santidad y fuego los planes de sátanas.
- Ejerce control de aquellos que tiene bajo su influencia.
- Coloca vendas en aquellos que han sido llamados.
- Es manipulador, el chantaje es una de sus armas principales de confusión y engaño.
- Trae muerte espiritual a través de la apostasía.
- Utilizará personas que están cerca de pastores, líderes, diáconos, ministros de alabanza, hombres y mujeres consagrados para afectarlos. Usará aquellos que más cerca estén, sin excluir familia, amigos y personas en gran estima.
- Usa la distracción como arma para afectar las emociones.

Su ataque principal es llevarnos al limite para que renunciemos al llamado que por supuesto representa peligro.

8 Job, sentado entre cenizas, se rascaba con un trozo de teja.
9 Su esposa le dijo: «¿Todavía intentas conservar tu integridad? Maldice a Dios y muérete».

Job 2:8-9 NTV

Satanás viene a robar, matar y destruir, y algo que debemos considerar es que el no es omnipresente, así que tendrá que confiar en uno de sus más sólidos aliados, el espíritu de Jezabel, quien pronunciará decretos de muerte sobre el hombre o mujer de Dios que este haciendo bien su llamado. El enemigo jamás va atacar a nadie que no le haga daño, aquellos que viven en una pasividad están atados por espíritus qué hicieron bien su trabajo, por lo que a sátanas no le preocupará esa clase de cristianos.

Este espíritu pondrá atención en aquellos que verdaderamente pueden hacer de lo imposible posible.

¿Cuales son los espíritus aliados que le acompañan para desempeñar su función de aniquilación?

* Miedo
* Ansiedad
* Destrucción
* Idolatría
* Muerte
* Soledad
* Decepción
* Odio
* Trastorno

* Inseguridad
* Depresión
* Brujería
* Anarquía
* Venganza
* Tristeza
* Amargura
* Dolor
* Desolación

* Confusión
* Caos
* Hechicería
* Engaño
* Abandono
* Frustración
* Enfermedad
* Adicción
* Esterilidad

* Inferioridad.
* Adversidad
* Desilusión
* Envidia
* desesperación
* Conflicto
* Avaricia.
* División
* Desanimo
* Celos

La primera etapa de ataque será la mente, no hay nada más terrible que ver a un cristiano con una mentalidad terrenal, sin sueños ni pasión por Dios. Es por eso que cuando el Espíritu Santo viene a encender la llama en nuestros corazones, de inmediato sátanas convoca a sus bomberos de más alto rango para tratar de apagar ese incendio que les puede ocasionar daño.

19 Pues Dios estaba en Cristo reconciliando al mundo consigo mismo, no tomando más en cuenta el pecado de la gente. Y nos dio a nosotros este maravilloso mensaje de reconciliación.
20 Así que somos embajadores de Cristo; Dios hace su llamado por medio de nosotros. Hablamos en nombre de Cristo cuando les rogamos: «¡Vuelvan a Dios!».

2 Corintios 5:19-20 NTV

El objetivo principal del espíritu de Jezabel es silenciar la voz de los verdaderos ungidos de Dios. Su estrategia siempre será sembrar el engaño haciéndoles creer en cosas que no tienen fundamento bíblico. Por ejemplo: "que no pertenecen a la iglesia de Cristo" haciéndoles dudar del sentido de identidad y pertenencia aun cuando el Espíritu Santo ya ha hablado en ellos.

En mi experiencia, todo hombre o mujer que ha sido desafiado a caminar en Cristo se enfrenta a este espíritu por lo menos una vez en su vida. Este espíritu tratará de controlar el comportamiento trayendo un retroceso en nuestro caminar provocando Caos.

Caos: Confusión Total / Desorden Total

Todos hemos recibido una promesa y ninguna arma forjada en nuestra contra podrá vencernos.

14 La justicia te hará fuerte, **quedarás libre de opresión y miedo**, y el terror no volverá a inquietarte.
15 **Si alguien te ataca, no será por causa mía, pero tú vencerás al que te ataque.**
Isaías 54:14-15 DHH
Como embajadores del reino de los cielos, somos transformadores de atmósferas, por lo que el enemigo no podrá soportar la atmósfera del Espíritu

Santo que será traída a través de aquellos que han sido ungidos con propósitos eternos.

¿Alguna vez has estado confundido con tu llamado? ¿Te has desanimado o pensado que no eres la persona indicada para llevar acabo la asignación que hoy llevas acabo?

Dios es muy claro al demandarnos:

- No hacer alianzas o pactos con nuestro enemigo.
- Destruir todo pacto.
- No ponernos de acuerdo con sus aliados.
- No mostrar misericordia.
- No tolerar su influencia.
- Expulsar de nuestras vidas todo espíritu de engaño.

Cada uno de los que estamos caminando en Cristo, somos responsables de manera personal de poner en su lugar a este espíritu.

El espíritu jezábelico usará esos momentos en donde te encuentras sin motivación para seguir, cuando por alguna razón no hay fuerzas, cuando llegan pensamientos en donde anhelarías querer que otro lleve tu antorcha, será en ese momento de fragilidad que concentrará todo su ataque.

3 Elías tuvo miedo y huyó para salvar su vida. Se fue a Beerseba, una ciudad de Judá, y dejó allí a su sirviente.

4 Luego siguió solo todo el día hasta llegar al desierto. Se sentó bajo un solitario árbol de retama y pidió morirse: «Basta ya, Señor; quítame la vida, porque no soy mejor que mis antepasados que ya murieron».

1 Reyes 19:3-4 NTV

Elías estaba en la cima de su llamado, había hecho lo imposible a los ojos de toda una nación que estaba en decadencia, la cual se había desviado por completo de adorar al Dios que los sacó con mano poderosa de un imperio que los tenía en esclavitud por cuatrocientos años. Elías había desafiado un reino terrenal, tuvo la osadía de enfrentar a 450 profetas que servían en tiempo completo al dios baal, fue tan clara la victoria, que cortó las cabezas de aquellos profetas paganos las cuales rodaron ante el altar que ellos mismos construyeron con sus manos, su dios baal nunca se presentó para defenderlos.

Elías tenía la total aprobación de Dios, la manifestación sobrenatural estaba marcadísima en la vida de este profeta de fuego, así que en su humanidad permitió que sus emociones le jugaran una mala jugada. Un espíritu de miedo inicio todo el desorden en su mente, ahora su objetivo era huir lo más lejos posible del alcance del rey y de su perversa esposa Jezabel a quienes había puesto en evidencia y quienes habían dictado un decreto de muerte en contra de él.

El espíritu de Jezabel ama permanecer en las vidas de aquellos que han caído bajo el ataque fulminante de sus engaños, debilitándolos poco a poco mientras gana más terreno.

- Su influencia provocará rebeldía y falta de sometimiento, respeto y honra a ninguna autoridad.
- Evitará el contacto con aquellos atrapados, produciendo odió entre unos y otros.
- Siempre inducirá a querer salirse con la suya.
- Buscará el reconocimiento de los logros y aceptación haciendo a un lado a Dios.

Satanás siempre atacará a una persona que se encuentre en la cima, enviará espíritus que golpeen el ego, lo seducirá para hacerlo caer llevándolo a pensar que no existe nadie en el mundo mejor que el o ella, si esto acontece, entonces Jezabel tendrá derechos legales que mas tarde traerán consecuencias terribles no solo en el ministerio, sino en su vida personal y su familia.

Dios nos desafía a llevar una vida consagrada a él, y a no dejarnos vislumbrar por el brillo del ministerio, el hombre o mujer de Dios debe recordar que necesita poner en marcha los cuatro pilares que sostendrán su vida espiritual Orar, Ayunar, Meditar en la Palabra de Dios y no dejar de congregarse.

Dios jamás pondrá sobre nuestros hombros una carga que no podamos llevar; es cierto que nos desafía a experimentar una vida sobrenatural en dependencia total a él. Cuando una persona esta bajo la influencia de este espíritu, estará cautivo y será muy difícil llevarla al arrepentimiento y ponerse a cuentas con Dios. Para que esto sea posible la persona debe desearlo con todo su corazón para ser libre por completo.

La Escritura nos advierte que debemos estar alerta, que no debemos descuidar nuestra posición, recuerda que tan solo el enemigo necesita una pequeña fricción en tu vida para poder iniciar con su plan de destrucción.

Cuando una persona esta bajo la influencia de este espíritu puede provocar la ira de Dios. El engaño es un espíritu que opera bajo el mando de Jezabel.

12 Pues todo el que pertenezca a Jesucristo y quiera vivir dedicado a Dios será perseguido,
13 pero los perversos y los engañadores irán de mal en peor, engañarán y serán engañados.
2 Timoteo 3:12-13 PDT

La pasividad es un obstáculo y un peligro que todo creyente o ungido de Dios debe evitar, la influencia del espíritu de Jezabel aprovechará la oportunidad para bloquear, inactivar, desanimar, desenfocar, y hacer renunciar por completo al llamado y asignación.

Las Escrituras nos dice que toda batalla que enfrentamos jamás la ganaremos en nuestras fuerzas, habilidades o conocimiento, la victoria estará consumada cuando reconozcamos que Dios es quien pelea por nosotros.

57 Pero demos gracias a Dios que nos ha dado la victoria a través de nuestro Señor Jesucristo.
58 Por lo tanto, hermanos, permanezcan firmes y no dejen que nada los haga cambiar. Dedíquense

totalmente a trabajar para el Señor, bien saben que su trabajo no es en vano.

1 Corintios 15:57-58 PDT

Jezabel siempre seducirá para mostrar y hacer creer que tiene una mejor solución o mensaje.

- El Pastor cuando predica no cita la Biblia constantemente.
- El Pastor casi nunca profetiza, yo puedo profetizar Dios me usa tremendamente.
- Escucho y veo cosas en el mundo espiritual que mi pastor no ve ni entiende.
- El pastor no pasa tiempo en oración, si lo hiciera escucharía y vería lo que yo le externo.
- He coincidido con un pastor o un profeta fuera de casa, de una iglesia poderosa a quien admiro, a quien Dios esta usando en señales, maravillas y prodigios poderosos, el cual es un verdadero intercesor y veo que tiene reconocimiento internacional en redes sociales.

En mi experiencia ministerial puedo confiarte que es un desafío para un pastor con autoridad espiritual confrontar un espíritu de Jezabel. Sabiendo que el precio de la confrontación será terminar pidiendo perdón, la vergüenza, la deshonra, el desprestigio y que tu buena fama pública queden entre dicho de manera momentánea hasta que Dios revele, limpie, trate con el pecado y con el pecador. Se necesitará la guía y dirección del Espíritu Santo, para confrontar este espíritu, Dios siempre será fiel para instruirnos sobre cómo y cuándo hacerlo.

Jezabel exige desempeño y perfeccionismo, es legalista y espera que cada jota y tilde sea ejecutada de acuerdo con la ley y de acuerdo con sus expectativas. No se sujeta al orden de Dios y niega obediencia exaltando su desempeño. Jezabel no se somete a nadie. Intentará engañar a otros haciéndoles creer que si se somete, especialmente a los que tienen autoridad espiritual.

Si caminamos en Obediencia:

- Tendremos paz en nuestra tierra.
- No tendremos miedo.
- Habitaremos seguros.
- Dios ahuyentará a nuestros enemigos.
- Dios se inclinará hacia nosotros con su favor y gracia haciendo que seamos fructíferos y nos multipliquemos.
- Dios establecerá su pacto con nosotros (su pacto romperá todo yugo de Jezabel)

❖ Dios morará en y entre nosotros, será nuestro Dios y seremos su pueblo amado.

Amado hermano, con todo mi corazón te digo, si lo buscamos de todo corazón el promete revelarse a nosotros poderosamente. Te desafío a caminar y creer, Dios peleará por ti y te acompañara en los momentos más difíciles de tu vida. Recuerda que aun no existe el arma que pueda destruirte. Levántate en el poderoso nombre de Jesús.

Capítulo 16
AMENAZA
CUANDO EL ENEMIGO PERCIBE EN TÍ UN ARMA DE GUERRA

"Para que Satanás no se aproveche de nosotros, pues ya conocemos sus malas intenciones."
2 Corintios 2:11 NBV

En cada uno de los libros que Dios me ha dado el privilegio de escribir, menciono que el llamado que nos ha hecho, representa una potente amenaza para los planes que sátanas tiene para la humanidad. Entiende que tu asignación no es una ocurrencia tuya o porque a un pastor le vino a bien ungirte para tan loable labor, comprende que tu llamado nace desde la eternidad y es provocado y traído a la luz desde el mismo corazón de Dios en el tiempo perfecto.

"No me elegisteis vosotros a mí, sino que yo os elegí a vosotros."

Juan 15:16a Rv 1960

Bien pudiese Dios haber escogido a otra persona con mejores cualidades que tú, con una mente mejor preparada y con hábitos de disciplina que tal vez tú y yo no tenemos, pero a Dios no le movió eso, al contrario vio cada uno de nuestros defectos, todas y cada una de nuestras áreas de oportunidad que nos prefirió a pesar de todo esto a nosotros, así que si tienes algo que reprochar no busques un culpable, acude aquel que te llamó, aquel al que a sus ojos fuiste de gran estima.

Porque a mis ojos fuiste de gran estima, fuiste honorable, y yo te amé; daré, pues, hombres por ti, y naciones por tu vida.
Isaías 43:4 RV 1960

Aquellos que han sido llamados no piden estar en el lugar que hoy ocupan, prefieren el anonimato que ser vistos por otros a los cuales consideran mejor que ellos. Amado mío, por alguna razón Dios ha producido en tu corazón el deseo de servirle a pesar de tantos desafíos y pruebas que han puesto en riesgo tu llamado y tu vida misma. Esto no proviene de tus emociones o sentimientos, esto no es algo que inventaste o soñaste producto de tu imaginación, tú

llamado viene del cielo y por tal motivo representa una poderosa AMENAZA.
Respondió Juan y dijo: No puede el hombre recibir nada, si no le fuere dado del cielo.
Juan 3:27 Rv 1960

El enemigo percibe que hay grandeza en tu vida, él jamás se dará por vencido e inventará nuevas formas cada día para poder atraerte, recuerda que el propósito principal es aniquilar por completo la obra del Espíritu Santo en tu vida.

Me viste antes de que naciera. Cada día de mi vida estaba registrado en tu libro. Cada momento fue diseñado antes de que un solo día pasara.
Salmo 139:16 NTV

Tal vez no te haz dado cuenta, pero siempre has estado en peligro y Dios se ha encargado de cuidarte y protegerte de distintas maneras sobrenaturalmente que algunas de ellas ni siquiera te diste cuenta. Es por eso que somos combatidos en nuestras luchas personales contra aquellos hábitos dañinos que afectan nuestro andar sin darnos cuenta.

Las Escrituras nos enseñan que todo hombre o mujer que Dios quería usar, siempre se encontraron en peligros aun de muerte.

₃₂ ¿Cuánto más les tengo que decir? Se necesitaría demasiado tiempo para contarles acerca de la fe de Gedeón, Barac, Sansón, Jefté, David, Samuel y todos los profetas.
₃₃ Por la fe esas personas conquistaron reinos, gobernaron con justicia y recibieron lo que Dios les había prometido. Cerraron bocas de leones,
₃₄ apagaron llamas de fuego y escaparon de morir a filo de espada. **Su debilidad se convirtió en fortaleza**. Llegaron a ser poderosos en batalla e hicieron huir a ejércitos enteros.

Hebreos 11:32-34 NTV

Podemos ver a un hombre que tenía autoridad sobre todo un imperio llamado José, pero para poder estar en ese lugar, su vida tendría que ser pasada por el mismo fuego de la prueba. Cuando era un joven era inmaduro, sus hermanos le odiaron a más no poder a tal grado que planearon matarle, ellos no podían tocarle porque había una asignación y un propósito especial en la vida de este hombre que 13 años más tarde se mostraría a los ojos de todo el mundo y la de su familia. Después de su proceso y preparación a través de las diferentes dificultades que tuvo que enfrentar ahora ocuparía el lugar que le fue revelado en sueños.

No es por demás mencionar a Moisés quién tendría que llevar toda una nación a un lugar desconocido, una tierra donde Dios prometió que fluía leche y miel. Su nacimiento se vio envuelto en una matanza de niños que fueron sacrificados de manera cruel, el objetivo era llegar a él, pero Dios lo guardaría de todo peligro porque llegado el momento Dios lo usaría para mostrar su poder y majestad ante un imperio al que ninguna nación se atrevía a desafiar.

Que decir de aquel joven que estaba en el anonimato y que de pronto su nombre empieza a sonar en la mente de Dios, él era conforme a su corazón, nadie imaginó que este jovencito pastor de ovejas contaría con el favor y la gracia de Dios. Cuando el rey Saúl se dió cuenta que Dios había elegido a este hombre llamado David para ser su sucesor, sus credenciales no eran las que comúnmente podrían requerirse para ocupar el puesto de rey, ya que este joven a diferencia de Saúl no tenía experiencia militar y tampoco una preparación académica, en un futuro no muy lejano sería proclamado rey.

Al igual que los dos hombres que mencioné con anterioridad el rey Saúl intentó matarle a como diese lugar. Las Escrituras mencionan que todos sus intentos fracasaron, Dios siempre estaba pendiente de su ungido porque había soltado la palabra profética que éste jovencito sería rey sobre de Israel. Así que ninguna amenaza ni persecución pudieron detener el plan que Dios tenía para su vida.
Ninguna arma forjada contra ti prosperará, y condenarás toda lengua que se levante contra ti en juicio. Esta es la herencia de los siervos de Jehová, y su salvación de mí vendrá, dijo Jehová.

Isaías 54:17 RV 1960

A título personal el enemigo ha querido destruirme, me ha amenazado a través de aquellos que en su momento son cercanos y tienen acceso a mí, por lo que no debería sorprenderte lo que hoy te estoy compartiendo. Se que en algún momento de tú vida has atravesado por desiertos o procesos. Si hoy estás leyendo éste libro es porque aun te encuentras de pie, el enemigo no ha podido vencerte porque Dios te ha diseñado perfectamente, estás diseñado para soportar todo embate, claro, esto no quiere decir que no recibirás golpes, que tal vez no caigas al suelo todo eso lo necesitamos para poder tomar el temple que debemos tener para poder llegar a la meta. El trato de Dios con cada uno de los que hemos sido llamados es diferente y esto dependerá del tipo de llamado y unción que al Espíritu Santo le plazca dar. Estoy consciente que camino contra corriente y por más que el mundo trate de detenerme, cada día me empujara hacia mi propósito.

Jesús y sus discípulos estaban en un serio problema, una tempestad amenazaba con hundir su barca y destruirlos por completo, se desconoce de donde surgió tan terrible tempestad, las Escrituras jamás profetizaron que nuestro salvador moriría ahogado, las Escrituras registraban que tenía que ser llevado como un cordero al matadero, y la tormenta no era el lugar ni la hora para que la vida de Jesús y sus discípulos terminara. La tempestad lo único que logró fue desafiar a los discípulos a creer y confiar en aquel que caminaba con ellos, y que toda promesa dada esta tenía cumplimiento. Jesús claramente les había dicho que pasarían al otro lado del lago, así que el enemigo trataría con todos sus medios de detenerlos ¿Porque razón? había una cita divina con el endemoniado gadareno, y ésta no podía perderse.

Toda tormenta, te preparará para una victoria adelante que no puedes ver, la gloria de Dios se manifestará en tu vida de manera poderosa que las misma olas llevarán tu barca a tu propósito, en donde realmente está tu asignación.

Pablo cuyo destino era llegar a Roma ante Cesar, viajaba con grandes dificultades en el barco en donde le llevaban, la gran tormenta provocó el miedo de todos los que iban a bordo de la embarcación, llegando a expresar que tenían temor a morir.

14 Pero no mucho después dio contra la nave un viento huracanado llamado Euroclidón.

15 Y siendo arrebatada la nave, y no pudiendo poner proa al viento, nos abandonamos a él y nos dejamos llevar.

16 Y habiendo corrido a sotavento de una pequeña isla llamada Clauda, con dificultad pudimos recoger el esquife.

17 Y una vez subido a bordo, usaron de refuerzos para ceñir la nave; y teniendo temor de dar en la Sirte, arriaron las velas y quedaron a la deriva.

18 Pero siendo combatidos por una furiosa tempestad, al siguiente día empezaron a alijar,

19 y al tercer día con nuestras propias manos arrojamos los aparejos de la nave.

20 Y no apareciendo ni sol ni estrellas por muchos días, y acosados por una tempestad no pequeña, ya habíamos perdido toda esperanza de salvarnos.

Hechos 27:14-20 Rv 1960

No era cualquier tormenta, las dificultades que tuvieron que pasar provocaron desgaste físico, mental y espiritual, se había perdido toda esperanza de vida. El Apóstol Pablo sabía que tenía que comparecer ante Cesar, así que no se daría por vencido. Dios estaba en todo, y no dejaría en vergüenza a su siervo.

22 Pero ahora os exhorto a tener buen ánimo, pues no habrá ninguna pérdida de vida entre vosotros, sino solamente de la nave.

23 Porque esta noche ha estado conmigo el ángel del Dios de quien soy y a quien sirvo,

24 diciendo: Pablo, no temas; es necesario que comparezcas ante César; y he aquí, Dios te ha concedido todos los que navegan contigo.

25 Por tanto, oh varones, tened buen ánimo; porque yo confío en Dios que será así como se me ha dicho.

Hechos 27:22-25 RV 1960

Dios siempre se glorificará aún en las circunstancias más difíciles. Pablo tenía todo complicado, un fuerte huracán devastador les estaba atacando de frente golpeando la embarcación que con mucha dificultad se podía sostener, tinieblas los rodearon por días, el temor a la muerte era inminente, si tú y yo estuviésemos atravesando por ese mar no sé si permaneceríamos de pie. El apóstol tenía la convicción de a quien servía y había recibido una promesa de parte de Dios: "Comparecerás ante Cesar", así que lo único que el apóstol tenía que hacer es echar mano de esa promesa, por lo que el mismo Señor se presentó en ese lugar de angustia y caos para traer fortaleza y decirle que todo iba a estar bien, que Él estaba en control.

Vemos mas adelante que los que iban en esa embarcación se desesperaron, no escucharon la voz de alerta que el apóstol Pablo les dió, el Señor le había prometido que no le pasaría ningún daño a nadie de los que viajaban con él mientras permanecieran abordo.

Estas mismas palabras las recibimos el día de hoy, Dios esta dándonos una esperanza en medio de la dificultad por lo que nos desafía a no desmayar, a confiar y permitir que sea Él quien intervenga para manifestar que sus promesas son verdaderas.

La amenaza es latente y todos los días nos enfrentamos a diversas situaciones que ponen a prueba nuestra fe, nadie puede decir que ya logro todo, porque cada día será probado hasta que seamos llamados y nuestro tiempo haya terminado para partir a nuestra patria celestial.

En tu beneficio el apóstol Pablo escribe que estemos conscientes de que nuestro llamado es peligroso, comprendamos que cada día que avanzamos el enemigo ideará nuevas estrategias, tomará nuevos argumentos, usará nuevos aliados, habrá momentos en que se sentirá fuerte y pensará que esta listo para vencerte.
Si permaneces a bordo, si combates el miedo que esta en tí y lo llevas a los pies de Jesús, te aseguro, que estas apunto de recibir tu más grande victoria en tu caminar en Cristo. La amenaza solo se fortalecerá si de tu interior no tienes esa convicción de a quien sirves. Es por eso que debes asegurarte de caminar en el camino correcto. Te bendigo en el poderoso nombre de Jesús.

DE LA MANO DEL PASTOR
EL CAMINO DEL GUERRERO
LA BATALLA EN EL VALLE DE SOMBRA DE MUERTE

*»Aunque ande en valle de sombra de muerte,
No temeré mal alguno, porque tú estarás conmigo;
Tu vara y tu cayado me infundirán aliento.*
Salmo 23:4 RV 1960

El Rey mando llamar a su Ejercito, anunció a sus generales, coroneles, capitanes, comandantes y demás oficiales que la guerra estaba por comenzar. Él mismo les advirtió que la batalla no sería fácil, conforme avanzaran al terreno de guerra, ésta se volvería más recia y cruda hasta la muerte. — No les miento — **dijo el Rey** — ¡habrá soldados caídos en esta guerra incluyendo hombres y mujeres importantes de renombre por lo que deberán cuidar sus espaldas y no descuidarse eviten dejar espacio alguno porque será la oportunidad que el enemigo estará esperando para hacer estragos!

El Rey dió la orden a sus guerreros para que tomarán su posición como es debido, firmes, sin titubear también estaría en la batalla y no solo eso, iría al frente. El Rey Diseño una armadura especial única para cada uno de sus fervientes guerreros. Las indicaciones fueron muy claras, una vez emprendido el camino por ningún motivo podrían quitársela, ni siquiera en los momentos de descanso, aun para cuando fuesen a comer o dormir tendrían que tener a su alcance sus escudos y sus espadas listas para cualquier ataque sorpresivo de parte de sus enemigos.

El Rey insistió a sus guerreros a no dar un paso atrás y no dar tregua, — es importante — dijo el Rey — para ganar necesitan no hacer ninguna clase de alianzas, el enemigo que van a combatir juega sucio, es mentiroso, traicionero, es padre de mentira, su único objetivo será esperar el momento en el que descuiden su posición, no necesitará tanto, tan solo una muestra de debilidad o flaqueza de parte suya será suficiente para venir a enfrentarlos, así que están advertidos, van a atravesar el valle de la sombra y muerte, la batalla se tornará más intensa y cruel no habrá lugar para los débiles, así que no tengan miedo, porque en medio de la noche más obscura recuerden que Yo estaré con ustedes. Así que juntos atravesaremos ese valle, al final verán la victoria ¡eso lo prometo! —.

Cada guerrero ya sabía lo que iban a enfrentar; en su entrenamiento constantemente el Rey permitía que fueran probados, mando traer aún del mismo abismo contendientes que a la mentalidad humana son imposibles de vencer. El Rey no dudo en ninguna de las pruebas, vió que el desanimo tocó a la puerta, la desesperación también buscó refugio en sus corazones y la confusión vino a perturbar sus mentes. Al entrenamiento fue convocado sátanas, quien no venía solo, acompañado de sus más leales y confiables mercenarios como Jezabel, Sambalat, Faraon, Caín, Tobias, Ahitofel, Absalón, Diotrefes, Belial y Muerte quienes le seguían sus escuadrones y capitanes al frente: destrucción, robo, anarquía, rebeldía, control, manipulación, intimidación, caos, difamación, mentira, murmuración, enfermedad, demencia y ceguera espiritual. Todos ellos venían muy bien armados, sus carros de guerra producían un ruido extremo a tal grado de hacer temblar la tierra a su paso; a distancia se podía ver que tuvieron tiempo suficiente para diseñar la estrategia y el plan perfecto para poder atacar aquellos guerreros que estaban siendo entrenados, sabían que a pesar de ser un simple entrenamiento el Rey había autorizado que atacarán sin misericordia porque solo así sacaría de sus filas a los verdaderos hombres y mujeres en los cuales confiaría su máximo tesoro "SU PRESENCIA".

Hoy entiendo porque hay tantos soldados que cuando ingresan al ejercito desertan, puedo ver claramente que ahora si cobra importancia la familia lo que antes no sucedía, el tiempo para hacer proyectos ahora les hace falta, la disciplina que se maneja no es la misma que ellos tienen, de hecho no están acostumbrados a la disciplina porque en su vida jamás conocieron su significado. El miedo es uno de los factores más destacables en una persona que deserta, porque es el miedo a lo desconocido, a sentirse superado por determinada situación, el hecho de pensar que se esta solo y que no hay nadie que pueda venir a su auxilio, el verse en el espejo y creer qué no es la persona indicada para ocupar cierta posición. Podría mencionar mucho más pero creo que el punto esta demasiado claro.

El Rey quería conocer el corazón de cada uno de aquellos que estarían combatiendo a su lado, el no podría confiarle aquellos que no tuvieran la valentía suficiente, ni el discernimiento porque estaba consciente que no podría forzarlos a llevar cargas con las cuales no serían capaces de soportar.

El Rey estaba preparando su ejercito, ese que ha sido llamado de generación en generación para conquistas grandes, así que tendría que ponerlos a prueba para conocer si su mentalidad estaba alineada a los pensamientos del mismo o simplemente continuaban confiando en las cosas que podían ver y palpar.

Siempre que un guerrero es llevado al terreno de entrenamiento, sus entrenadores tienen la responsabilidad de llevarlos al limite.

Estas son las ordenes dadas a los generales, coroneles, capitanes, comandantes y demás oficiales quienes tienen la encomienda de comunicar el mensaje del Rey:

¡aquellos que tengan miedo, no pierdan el tiempo regresen a sus casas!
¡aquellos que tengan compromisos personales, regresen a sus casas!
¡aquellos que están recién casados y aun no disfrutan de su amado o amada, regresen y disfruten su momento!

Vallan a sus casas, duerman y mueran en ellas como cualquier mortal.

El Rey mando a sus generales que el entrenamiento se diera en terrenos ásperos mismos donde un ser humano normal no puede soportar, el propósito principal era revelar el corazón real de su ejercito. Es por esa razón que preparó el desierto, también un león y un oso para probar su valentía, fueron llevados y metidos a un horno de fuego, con ello el Rey sometería ante el fuego sus esperanzas, confianza y fe tres características fundamentales en todo guerrero que ha tomado el desafío de hacer la voluntad del Rey.

Fueron llevados a un calabozo de leones hambrientos, sus ropas estarían impregnadas por la sangre del Cordero quien había sido sacrificado para que a través de esa sangre, pudiesen salir ilesos aun de la prueba mas violenta. Aquellos que lograron avanzar y llegar a cierto nivel de confianza por las victorias obtenidas en el pasado se les colocaba aparte en una embarcación para dejarlos solos a la deriva en medio de un mar embravecido. El Rey quería dejar en claro que no era a través de ninguna clase de ayuda humana que podrían obtener respuestas a sus dudas y dificultades, el Rey estaría esperando que aquellos guerreros que fueron llevados en aquella embarcación llamada "desesperación" dijeran las palabras de seguridad que haría que la tormenta se desvaneciera por completo. Aquella embarcación atacada por vientos contrarios, espíritus de desanimo, miedo, traición y confusión estarían haciendo su trabajo perfecto de la manera más profesional como lo saben hacer.

En mi espíritu vi un grupo de guerreros desanimados, sin fuerzas con un alto grado de confusión en sus mentes, esperando y ansiando el morir allí, así en esa condición fueron trasladados a una cueva la cual tenía por nombre "**Adulam**" cuyo significado desde la antigüedad es "**Refugio**" o "**Lugar de Reposo**" en donde los guerreros que traían las mismas cargas de tristeza, dolor, angustia, abandono, desesperación, frustración y miedo pues sentían tras sus espaldas aquellos enemigos que venían en contra de ellos para liquidarlos y terminar con sus vidas. otros tuvieron que ponerse a llorar debajo de un árbol frondoso en donde se les daría alimento especial para soportar su caminar que duraría cuarenta días y cuarenta noches para finalmente llegar a una cueva en donde verían las espaldas del Rey.

El Rey quería descansar al otorgar su anillo de autoridad el cual no solo sería la garantía de su respaldo y confianza para obrar de manera poderosa. Una vez pasada toda prueba, entregaría también su vara, su callado, su manto, su aceite especial y pondría a su disposición todo el ejercito del cielo, así como armas poderosas necesarias para obtener la victoria. Esto solo sería entregado a aquellos guerreros que fueran aprobados y certificados como dignos embajadores.

En los registros del Rey se encontró lo siguiente:

"El Rey no confía ni en sus propios guerreros y acusa a sus mensajeros de necedad, ¡cuanto menos confiará en los seres humanos hechos de barro! Están hechos de polvo; son aplastados tan fácilmente como una polilla"

Es por eso que el Rey necesita poner a prueba a sus guerreros sin importar quienes sean ni el rango que ocupen. El Rey no quiere sorpresas y es por eso que los lleva al limite para descubrir el poder que esta dentro de ellos tal cual lo dicen sus registros en su gran libro. Pues no puede entregar tan grande responsabilidad a aquellos que pueden ser afectados en sus sentimientos y emociones al momento de ingresar al campo de batalla.

Al inicio el Rey les prometió que sí resistían y permanecían firmes en medio de todo lo que fueran enfrentar Él los honraría de Favor y Gracia para que tuvieran la habilidad de conquistar reinos.
El Rey les insistió que sí se esforzaban y daban el máximo nadie tendría la osadía de poder enfrentarles, todos sus enemigos estarían bajo sus pies, verían su recompensa al verlos huir despavoridos, aquellos que decidieran enfrentarlos caerían bajo el filo de sus espadas ninguno de ellos podría tocarles.

Un ejército no puede ser lo suficientemente fuerte si no se cierran filas desde adentro, pues el conocer a cada uno otorgará la victoria o la derrota ante una batalla, el enemigo buscará que la unidad entre el ejercito del Rey no se consolide, es por eso que sus emisarios serán responsables de desbaratar todo rasgo de lealtad, integridad, amistad, cualquier lazo de amor y fraternidad que exista.

En el entrenamiento también se presento brujería y hechicería espíritus que tan solo buscan imitar el poder del Rey y que en algunas ocasiones te soy sincero, logra confundir aún aquellos osados valientes.

Todo general tendrá que informar de los avances del entrenamiento, es su responsabilidad recordarles "ustedes son entrenados y capacitados en circunstancias difíciles que pocos lograrían sobrevivir, sabemos y estamos conscientes que hemos convocado a nuestros mejores hombres y mujeres para esta batalla, conscientes cada uno que no hay vuelta atrás, para eso fueron entrenados, aquellos que se mantengan firmes les aseguramos una victoria contundente sobre nuestros enemigos, recuerden, el Rey irá delante de nosotros, Él estará abriéndonos paso para que tomemos los despojos y veamos la bendición que el Rey nos ha preparado para este tiempo, recuerden ¡no hay lugar para los débiles! los cobardes, los desleales y a aquellos que no definen el lugar que ocupan, serán los primeros en caer, mantengan su posición, estén alertas, vístanse con la armadura que el Rey les otorgó, tomen sus escudos y álcenlos con valentía y la espada que fue forjada con el fuego sea una con ustedes".

El Rey les mostró las estrategias y planes ocultos de sus enemigos, todos podían observar cada una de las etapas que tendrían que atravesar en ese valle de sombra y muerte.

La primera etapa la más sencilla o difícil, porque de aquí se desprende todo ya sea la victoria o la derrota es **el valle de la identidad.**

El punto de partida para lograr avanzar, es atravesar este valle de Identidad, todo guerrero es sometido y llevado a este lugar, ya que aquí es donde tiene ese encuentro con el Rey por el cual su vida estará a su disposición; es en este valle en donde conocerá el corazón del Rey, sabrá lo que piensa, quien es, lo que le agrada y lo que no le agrada, es el lugar en donde la confianza se tiene que fortalecer a través de diferentes muestras de cariño y atención por parte de aquel que los llamó a sus filas. Es en este valle de Identidad en donde el Rey le muestra a sus guerreros la posición que deben ocupar, los llamados para cosas grandes y especiales, pero aquellos que se sienten fuera de lugar el Rey no podrá tomarlos en cuenta por que jamás expondría a nadie sin Identidad para ser llevados a la muerte por lo que es en este valle en donde se decide si se quiere o no avanzar.

La segunda Etapa es **el valle de la sombra** conformada con la disciplina de la obediencia.

Todo guerrero tendrá que ser examinado de tal manera que ante cualquier pensamiento o palabra de insurrección, no podrán ser parte de este gran ejército. La obediencia desatará la provisión de todos los recursos y herramientas necesarias para enfrentar la batalla y proporcionar la victoria. Entre algunos que puedo mencionar es el caminar en una misma visión, la visión del Rey. Segundo, una misma misión por el cual están en el campo de batalla. A pesar de ser rebasados en numero ellos utilizarán un lenguaje de victoria porque el Rey les prometió desde el primer momento que no los dejaría solos y que pelearía al lado de cada uno hombro a hombro, que aun cuando la guerra se tornara cruel, siempre contarían con su respaldo para al final entregarles la victoria. La Obediencia manifiesta lealtad la cual es puesta a prueba en todo momento mostrando el corazón verdadero de todo guerrero.

En el **valle de la duda y confusión** se identifica por una espesa neblina que impide ver hacia adelante, de hecho, es tan densa que aun los más adiestrados guerreros pueden ser presa fácil y caer al vacío diseñado especialmente para que no logren su propósito. Escondidos en medio de la bruma guerreros enemigos se presentan para atacar a traición, por mencionar algunos atrevidos como: desanimo, confusión, caos, desesperación, ansiedad, angustia, soledad, tristeza, dolor, enfermedad. Este terreno es hostil, y solo aquellos guerreros que estén alineados con los pensamientos del Rey, podrán ser direccionados aun en medio de la densa niebla. El enemigo se ha propuesto hacer una cacería a muerte, donde no existe tregua y ha preparado a sus perros más feroces con el propósito de oler el miedo. Ellos estarán encargados de confundir sus mentes, estarán insistiendo una y otra vez hasta lograr su objetivo derribando toda fortaleza mental.

De un momento a otro algo golpeo mi mente, el Rey guardo silencio, observó a cada uno de sus guerreros y el silencio cubrió toda la sala, no se escuchaba absolutamente nada, las palabras que a continuación pronunciaría causarían tristeza, provocarían que las miradas de aquellos valientes se cruzaran entre uno y otro. Por fin, con el rostro entristecido, con esa mirada tierna que atraviesa aun el corazón mas insensible, el Rey dijo lo siguiente: — Amados míos, ustedes han sido forjados en el horno de la prueba, ustedes han luchado al lado mío y las batallas que juntos hemos logrado les ha permitido conocer mi corazón. Ustedes conocen el valor de la lealtad, y el primero que se los ha enseñado soy Yo, siempre como ustedes saben, soy el primero que ingresa al campo de batalla, soy el que me pongo al frente para que cuando ustedes avancen vean que es posible ganar sin importar el terreno que pisen. Les he enseñado la diferencia entre Fidelidad y Lealtad, parecieran dos palabras con el mismo significado pero no lo son, muchos guerreros se les ha solicitado de sus servicios y ellos han sido fieles en el cumplimiento de determinada asignación, pero muchos de ellos no me son leales, en cuanto terminan de hacer su asignación empiezan a murmurar, critican mis formas y la manera en que llevo a cabo mis estrategias y aún como enfrento cada batalla.

El hecho de que sean fieles no significa que caminen en la visión que he entregado. Así que no se entristezcan al ver guerreros alejarse de las filas, ellos están demostrando que son fieles pero que no son leales, principalmente al llamado que les hice en el lugar donde los he plantado. Les digo lo siguiente ¡jamás se pueden dar por vencidos! Hoy en este **valle de muerte**, se enfrentarán con un enemigo que no permitirá su avance, ustedes no lo desconocen, el entrenamiento al cual fueron sometidos les hizo conocer como es posible vencerlo.

Hoy nuestro enemigo enviará guerreros extremadamente agresivos para traer confusión entre ustedes, tratará de ponerlos en contra uno contra otro y les hará perder los estribos, hará todo lo posible por desenfocarlos para que no puedan ver su victoria y mueran en el campo de batalla. Si desconfían morirán, pero si ponen su confianza en mis palabras les aseguro que saldrán ilesos del campo de guerra, así que no se detengan avancen y no tengan misericordia de aquel perverso que no la tiene por ustedes, no se limiten corten la cabeza de todos los gigantes que se pongan en su camino.

La lucha es real, no es contra su compañero deben cuidar sus espaldas unos a otros, habrá momentos en que alguno de ustedes se sentirá cansado por lo extenuante de la batalla, si esto sucede, otro ocupará su lugar sin dejar de proteger al que esta caído. Por favor, solo venden sus heridas, y no permitan que sus emociones o sentimientos los traicionen al querer dedicarle mucho tiempo, la batalla esta en pie, recuerden que Yo fuí el primero que ingreso al terreno de guerra, así que estaré al pendiente de cada uno de ustedes, pero nadie podrá detenerse al menos que Yo mismo de la orden. Avancen, no se detengan porque cuando menos lo piensen, el enemigo estará replegándose y preparando su huida. Esto es lo que Yo doy a los que me sirven y me creen ¡LA VICTORIA!—

Conmocionado por las palabras del Rey fui llevado a un lugar en donde vi tronos, ángeles guerreros llamando mi atención rodeando un tribunal importante en el cual me encontraba como espectador presenciando un juicio. Dentro de mí me preguntaba ¿que tiene que ver esto con la batalla que estaba a punto de presenciar? En medio del tribunal se encontraba uno de los más osados guerreros, quien había entregado victorias importantes al Rey, sin embargo el acusador estaba presentando sus argumentos, señalando faltas y equivocaciones. Podía ver a la distancia como aquel guerrero traía sus ropas sucias a causa de todas las batallas que atravesó, lo que llamó mi atención es que el casco que portaba en su cabeza estaba completamente dañado. El Rey con un tono molesto por todas las acusaciones que pesaban en contra de su guerrero dijo: ¡Yo, el Rey de reyes, rechazo todas las acusaciones que hoy se presentan ante mí! Toda la sala estaba con un profundo silencio, la mirada penetrante del Rey desnudaba por completo las intenciones del acusador, este se había dado cuenta que había cometido un terrible error al traer evidencias y argumentos pasados los cuales ya habían sido perdonados, en su interior el acusador sabía que lo que seguía no era nada bueno para él. De pronto el Rey abre su boca para expresar lo siguiente: ¡Yo el Rey, rechazo todas tus acusaciones, es más personalmente te reprendo por atreverte a usar tu boca infernal, al acusar a este guerrero indomable que a mis ojos es como in tizón en llamas que ha sido arrebatado del fuego! Los argumentos que hoy me presentas no son validos, ninguno de ellos tiene la facultad de sentenciar a este guerrero que hoy esta en este lugar.

El acusado solamente estaba con la cabeza abajo, sabía que se había equivocado y que había tomado decisiones incorrectas, es por eso que sus vestiduras se encontraban sucias, en su corazón solo se repetían las palabras una y otra vez, ¡soy culpable! ¡soy culpable! El Rey que escudriña los corazones sabía perfectamente las intenciones sinceras de este guerrero, él siempre estaba dispuesto a defender el estandarte del Rey al cual le debía respeto y gratitud. El Rey sabía que sus enemigos le habían tendido una trampa, en medio de tanta confusión poco a poco fue debilitado para que no pudiese tener la fuerza suficiente para defenderse.

En su corazón y en su mente tan solo podía escucharse el sonido de aquellas palabras que retumbaban una y otra vez para atormentarle — Mis familiares se mantienen lejos, y mis amigos se han puesto en mi contra. Mi familia se ha ido y mis amigos íntimos se olvidaron de mí. Mis amigos íntimos me detestan; los que yo amaba se han puesto en mi contra — A lo lejos podía observar aquellos de los cuales hacía referencia el guerrero, sus palabras me hicieron entender que el enemigo aprovecho la ocasión para sembrarles odio y rencor.

Todo fue planeado con tiempo y el día de ataque tendría que suceder en un momento de fragilidad, cuando más vulnerable y expuesto se encontraba, de tal manera que el guerrero no podría defenderse, sus palabras aunque tuvieran los argumentos más convincentes no serían escuchadas pues el objetivo del enemigo era determinado callar su boca, frenar su avance, robar sus victorias y sueños, matar la visión entregada y destruir toda hazaña del pasado para que no pudiese darle el aliento o motivación para volver a levantarse.

Estaba consciente que en sus manos tenía la espada del Espíritu capaz de cortar con toda mentira y engaño, sabía que tenía su manto y armadura y qué tan solo con una palabra que mencionara pondría huestes de guerreros del reino bajo su mando.

Pero el Rey habló en esos momentos a su corazón diciéndole: ¡Guarda silencio, no hables! ¡Yo peleare por tí, así que solo guarda tu corazón y evita el almacenar rencor, odio y amargura contra los que te acusan, entiende que eso es lo que el enemigo necesita para poder destruirte! — este es mi mandato, no quiero que almacenes y arraigues en lo profundo de tu corazón ninguna raíz de amargura, entiende ¡Ninguna!—

Pareciese que estaba a punto de un infarto, su garganta se puso seca, le faltaba agua para poder pasar por ese momento amargo. Allí al ver a todos los que amaba y que ahora se convirtieron en sus jueces y verdugos todos le señalaban y estaban listos para enjuiciarle, es allí que recordó lo que el Hijo del Rey había hecho por él, como no traerlo a memoria pues había sido acusado injustamente, se llevó un juicio que rompió cientos de reglas y leyes terrenales y celestiales, sus acusadores fueron aquellos mismos que habían sido participes de su bondad, amor y misericordia pero al final tan solo le volvieron la espalda convirtiéndose en sus propios verdugos, con un odio desconocido, se tornaron enfurecidos poseídos por un espíritu de muerte y solo su respirar anhelaba que ya todo acabara.

Sorpresivamente el Rey con una sencilla mirada se dirigió a los generales que estaban resguardando al acusado, dándoles la orden para que fuese ejecutada de inmediato, el Rey ordenó que al guerrero le fueran cambiadas sus vestiduras por completo, además se le entrego un casco nuevo con mayor resistencia para las nuevas batallas que tendría que enfrentar. Por otra parte al acusador se le tapo la boca y sus manos fueron esposadas al igual que a sus pies fueron encadenados.

Su fe, esperanza y amor habían permanecido intactas en el momento de la prueba. Una vez libre de todos los cargos, el Rey hablo en ese tribunal dirigiéndose al acusado: — El Señor de los ejércitos celestiales te dice: ¡Si tú sigues mis caminos y me sirves con cuidado, recibirás autoridad sobre mi casa y sus atrios. Permitiré que camines entre los otros que están aquí. Tú y todos aquellos que caminan contigo son símbolos de lo que esta por venir, pronto traeré a mi siervo llamado el Retoño quien peleará junto a ustedes! Así que levántate y continua tu camino, vuelve a tomar tu posición y recuerda que toda batalla no la pelearas solo, Yo estaré a tu lado —.

En un giro inesperado nuevamente me encontraba en el campo de batalla, podía observar el avance del ejercito del Rey, cada vez veía menos guerreros a dónde quiera que volteara. Ahora, el valle que tenía que atravesar era el mas difícil y peligroso de todos por los que había pasado en el cual ví cuerpos tirados por doquier. Me preguntaba ¿porque? Si ya avanzaron lo suficiente y casi obtenían su victoria. El Valle al que me refiero es **el valle de la CONFRONTACIÓN**. Por alguna razón podía ver como a cada guerrero se les puso un enemigo que no mostraba su cara, se defendía con todo lo que podía y producía agotamiento extremo. Todo entrenamiento, toda arma y cualquier estrategia que se usará parecía no hacerle daño. Cada vez que era atacado veía cómo se fortalecía más y más. Esto solo lo había visto en alguna película pero ahora era muy distinto. La frustración invadió mi corazón y dentro de mí surgía un sentimiento de derrota. ¿Pero cómo era posible? Si las batallas pasadas fueron tan feroces y había salido victorioso. ¿Cómo no podía vencer a este enemigo? Tenía que enfrentar Cara a Cara a este enemigo, tenía que quitarle el casco que cubría su rostro, en mi espíritu sabía que no era el acusador, tampoco ninguno de sus generales, coroneles, capitanes o cualquier oficial de su reino que habían desertado. Algo dentro de mi despertaba la curiosidad por descubrir a este enemigo que sabía que era el más peligroso. En mi fragilidad eleve una pequeña suplica esperando que el Rey la escuchara, ¡por favor, dame fuerzas! ¡Ayúdame a descubrir a este perverso!

No sé como sucedió en un momento a mi lado estaba peleando el Rey hombro con hombro como lo había prometido. Mis ojos podían ver que estaba sangrando por las heridas recibidas durante la batalla, el solo saber que el Rey estaba a mi lado me dió fuerzas nuevas ya que honestamente, sentía que moriría en aquel lugar. En un momento todo cambio, el Rey me vio y escucho mi entrecortada voz la cual le decía, ¡perdóname, te he fallado! ¡Ya no puedo seguir! Este valle de Confrontación en realidad me ha desgastado y llevado al limite. El Rey vio el peligro al cual me enfrentaba y me tomó bajo su regazo, cerré mis ojos por un momento y cuando los abrí me encontraba solo en la cima de una montaña muy alta, allí fui abandonado por un tiempo, no entendía porque el rey me había quitado del valle de la confrontación y ahora me tenía en ese lugar alto, no entendía nada. La armadura que traía se había fundido y ahora estaba pegada en mi cuerpo, la sentía pesada y veía como los filos de la misma estaban a punto de ser el medio por el cual moriría. Mis ojos vieron frente a mi un roca, había intentado quitarme la armadura que ahora representaba un peligro pero no había nada que pudiera ayudarme a desprenderla. Al ver la roca pensé ¿y si golpeo mi cuerpo contra esa roca? Sin dudarlo comencé el largo trabajo, no sé cuanto tiempo , días, horas y minutos pasaron. Lo que no logro entender es como si estaba desgastado tenía aún fuerzas para golpear mi armadura. Ésta poco a poco se iba debilitando y cada una de sus partes se estaban desprendiendo una a una hasta lograr quitar la ultima pieza. En esa cima, se encontraba un manantial de aguas cristalinas, cuando lo vi corrí a beber agua ya no podía más. El reflejo del agua era como un espejo y pude ver mi rostro. Pensamientos embargaron mi mente y me llevaron nuevamente a recordar el paso del valle de la confrontación, estaba a punto de descubrir el enemigo que no mostraba su cara. Allí en la montaña en la cima, en lo más alto, me fue revelado por fin, aquel enemigo que no podía vencer era YO MISMO. Caí de rodillas, puse mis manos sobre mi cabeza y un grito desesperado salió de mi garganta. El Rey lo había hecho nuevamente, me había mostrado que el enemigo mas terrible al cual tenía que enfrentar era yo mismo.

En la montaña el Rey me llevó para mostrármelo, ahora una vez descubierto tenía que tomar decisiones importantes para poder vencerlo. Por supuesto, me llevó tiempo entenderlo, pero una vez que lo comprendí entre en razón, todo concordaba.

Las Palabras del Rey ahora tenían sentido. Por fin estaba preparado, y entonces decidí por voluntad propia rendir toda mi vida al Rey. A partir de ese momento se me entregaron vestiduras nuevas, brillantes y con emblemas del Rey por todos lados.

En esa montaña, en la cima decidí por fin dejar allí a ese enemigo que ahora no tendría parte en mi caminar.

Mis palabras hacia el Rey fueron sinceras, ante cualquier batalla, sea el terreno que fuese, el enemigo más peligroso era aquel que no quería mostrar su rostro, ese enemigo era YO.

Cerré mis ojos nuevamente después de varios días de estar en esa cima en la montaña y sorpresivamente me encontraba al final del valle de la Confrontación. Ahora el Rey estaba frente a mí, sus generales y demas oficiales portaban coronas que simbolizaban el galardón que sería entregado a todos los guerreros que vencieron y llegaron hasta el final de su asignación. Por fin en mi corazón podía decir ihe terminado mi carrera, no hay más batallas que enfrentar, ahora me espera la corona de la vida, por fin veré al Rey cara a cara!.

Pero yo salvaré a todos mis seguidores que confíen en mí hasta el final.

Mateo 24:13 TLA

Redes Sociales
Centro Cristiano Internacional Cielos Abiertos:

Made in the USA
Coppell, TX
24 February 2026

72257715R00174